私をもてなす器

高橋香織
Bono

はじめに

我が家には、かなりの数の器があります。集め始めて、10数年。これほどあっても、「どの作家さんが」「どのくらいの時期に」つくったものか、どんな順番で家にお迎えしたのかを覚えています。いつどこで出会い、何に惹かれたのか。作家さんやギャラリーの方とどんなやり取りをしたのか。家に来てからどんな活躍をしてもらっているか。器のひとつひとつに歴史が積み重なっていくのを感じます。

いつから器に興味があるかと辿ってみると、それは幼少のころに端を発しています。母は近くの陶芸教室に時々行き、器をつくったり、先生の器を買ったり。父が仕事関係でいただいてくる器もたくさんありました。母は有田焼の香蘭社を好み、食事の準備を手伝うと「これを盛るのは、どの柄がいいかな？」という会話が自然となされていました。納豆はパックのままではなく、砥部焼の蕎麦猪口に移すのが定番。小学校で全国の工芸品を習った後は、家にある九谷焼を好んで使うように。

同時に、週末家族で公園に行くときには、絵が趣味の父につられて私たち三姉妹もスケッチブックを携えていくのが常。日常の中に絵を描く時間が、当然のようにありました。そんな育ちのせいなのか、生来の気質か、大人になった私は器、食、絵、工芸、刺繍、それにまつわる文化と伝統に強く心惹かれる人間に。今では、自分で制作物をつくるほか（128ページ参照）、ギャラリーの手伝いや作家さんの器の販売、スタイリングや料理屋のコンサル業なども行っています。

とはいえ、本職はヒヨコの雌雄を見分ける「初生雛鑑別師」です。それまで都内の百貨店でジュエリーの販売をしていましたが、テレビでこの職業を見たときに「自分の手先の器用さを生かせるのはこれだ」と養成所に入りました。この勘は当たっていたようで、のちに鑑別技術を競う全国大会で2度優勝することができました。

鑑別師は通常、資格を得ると海外に派遣されます。私の派遣先はスウェーデン。出張でヨーロッパ各地を訪れ、さまざまな文化のレストランで日本では出会えないような食材や料理、盛り付けや食器の合わせ方などを経験できたのは幸いでした。「こんな風にグラスを合わせると可愛い」などと知り、蚤の市で小さなグラスや前菜用の四角い皿を買ってみたものです。

２０１１年、現在の地・新潟に派遣されました。そのころ友人から作家さんの器を贈ってもらったことが、今の私を形づくる一押しに。その器には、ゼロからこの形に生み出されるエネルギーが満ち満ちていました。

私が「この器を好き」と言うとき、そこにはつくる人への尊敬も含まれています。だから時には、遠くまで足を運び、並んで整理券を取り、必死の思いで展示会に赴く。作家さんの生み出した素晴らしい器に、好みのままに料理を盛り付ける幸せ。器に力をいただいてつくる、美味しい世界。

相棒犬のパグ「ボノ」を載せていたインスタには、次第に器が載るようになり、器でつながった友人とのコミュニケーションの場となっていきました。たくさんの方にお膳を見ていただくようになり、私の楽しみ方もより広がっていきました。

この本が、みなさんの「器の幸せ」を広げるきっかけになってくれたなら、こんなに嬉しいことはありません。

もくじ

1章

食いしん坊の器使い

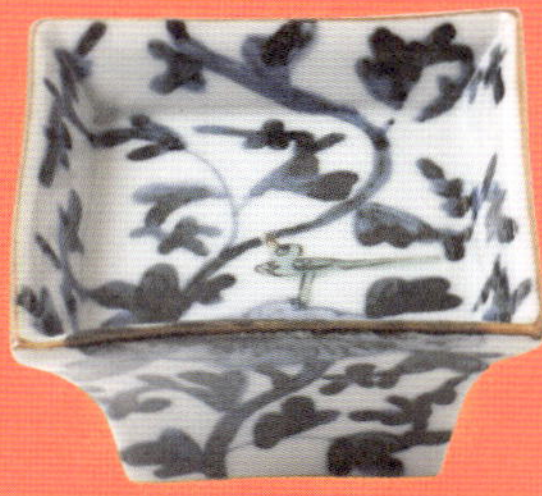

お膳は、美しさが最優先。たとえ同じつくり置きが数日続いたとしても、器を変えれば印象は翻り、新鮮な気持ちをもって美味しくいただけます。

器が変われば つくり置きも 楽しい夕ごはん

1日目

いろいろな素材、大きさの器で。動きがありながら、土の優しさや温かみと絵付の華やかさを感じられる器の合わせ方です。杉田さんの夕餉盆で、清々しさと躍動感が共存しています。

時間のあるときに、少し多めに副菜をつくることがあります。友人が贈ってくれた辰巳浜子さんの『料理歳時記』が愛読書で、季節ごとの食材の扱いや心遣いをこの本から折々で学んでいます。結局、そんなに手をかけないほうが美味しい。だから、そんなに凝った料理はつくっていません。大丈夫、器がどれだけでも美味しそうに見せてくれるから。

料理は、見た目が肝心だと思っています。味はもちろん大切だけれど、盛り付け方や見せ方で感じるものはガラリと変わる。たとえ昨夜と同じおかずでも、器が変わり印象が改まればまた違った味わいに。味のふくよさが増すことも相まって、飽きることなく楽しめます。よい盛り付けは心を弾ませ、頬が自然と緩みます。1日がんばった自分を労わるごはんの出来上がり。

盛り付けたのは、こちら

つくっておいた副菜に、メインの焼き魚を添えたり、鶏肉を揚げたり。お米は古代米を混ぜることもあれば、白米のこともあります。

メイン

鶏肉の梅肉はさみ揚げ
2種のチーズ入り卵焼き
ほっけの一夜干し
鮭の塩焼き

つくり置きのおかず

1打ち豆とひじきの煮物…最後に生姜の千切りとお酢で味を引き締めます。

2南瓜サラダ…煮物を崩してつくるのが好き。ゆで卵を多めにつぶし、マヨネーズにカレー粉、和山椒を少々。

3小松菜とえのきの炒め物…鉄鍋で強火で炒め、オイスターソースと紹興酒で味付け。

4茹でオクラ

5タラモサラダ…ギリシア旅行で味をしめた父の得意料理。明太子ときゅうり、じゃがいも。

6切り干し大根とホタテのサラダ…ホタテ貝柱の水煮と水で戻して絞った切り干し大根をマヨネーズで和えて、ゆずで香り付け。

7南瓜の煮物…甘めにしました。皮に飾り切りを入れて。

8人参じゃこサラダ…ピーラーで薄くした人参に低温でカリッとするまで揚げ焼きしたじゃこを油ごとジャッとかけたら、砂糖、醤油、酢を混ぜたタレをかけ、冷蔵庫で20分なじませて（2日ほど楽しめる）。

使った器

1日目

稲葉カヨ
楕円菊皿「祝福花鳥文」

川口武亮
白雲木葉皿

山田洋次
軟陶ホワイトひだ豆鉢

増田勉
粉引片口

新道工房
色絵唐子井戸覗き猪口

やのさちこ
錫地虎漆絵まめ豆皿

松浦コータロー
赤絵兎文蕎麦猪口

小宮崇
白の器シリーズ 馬上杯

父から譲り受けた笠間焼(丁健二)

杉田悠羽
吉野杉「玉淵の夕餉盆」

川口武亮
緑灰鎬切立湯呑

2日目

豆皿がたくさん並んでいる姿には、幸せしかありません。ちょこちょこ盛って、とにかく楽しく。輪花のお盆に、輪花や稜花、菊の漆絵で花やぎ御膳。家の中でちょっとした非日常感を味わえるように。

器が変われば
つくり置きも楽しい夕ごはん

3日目

晩酌のイメージで。漆のお盆に豆皿と、少し高さのあるもの。酒の肴が映える置き方で、もてなされている雰囲気に気分が上がります。ご飯をお酒に替えても。料理の内容を変えればワインもよさそう。

器が変われば
つくり置きも楽しい夕ごはん

使った器

2日目

本間和花子
掻き落とし花紋蕎麦猪口

佐藤正一
絵刷毛目俵形向付

やのさちこ
菊漆絵豆皿

阿部春弥
淡ルリ牡丹豆皿

伊藤剛俊
蓮輪花皿

松浦コータロー
赤絵兎文蓮華小付

古物
色絵稜花四寸皿

二階堂明弘
錆器豆ドラ鉢

伊藤剛俊
入れ子輪花碗

伊藤剛俊
蓮急須

伊藤剛俊
鐵透々ぐい呑み鐵透茶托

落合芝地
輪花盆

貴島雄太朗
削紋馬上盃

使った器

3日目

竹下努
青白磁稜花取皿

川口武亮
樫灰刷毛目たわみ豆皿

二階堂明弘
焼締め豆ドラ鉢伊豆土

松浦コータロー
紅安南花唐草文酒盃

二階堂明弘
焼締めドラ鉢白

松浦コータロー
赤絵兎文変形酒盃

角掛政志
黒釉ツヤ 台付皿小

オノエコウタ
白釉茶壺輪花型把手

須藤拓也 染付盃、
増子浩代 花茶托

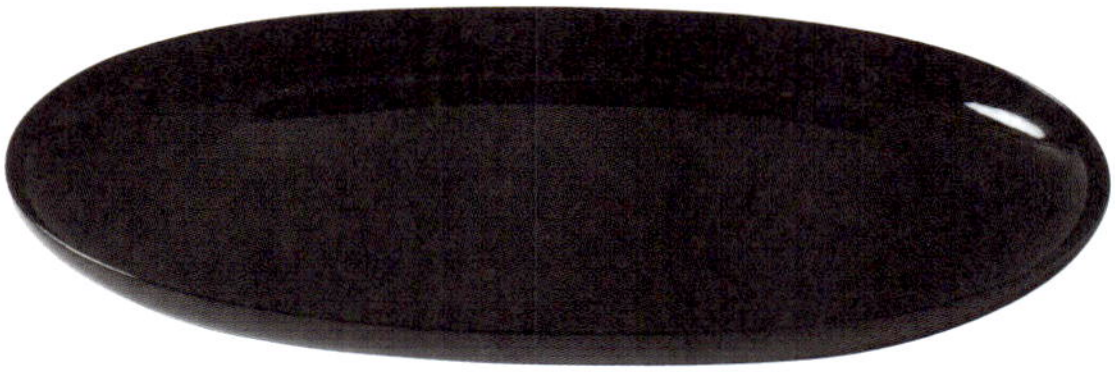

加藤憲治
乾漆楕円皿

休みの日の、器を楽しむゆっくり朝ごはん

洋食

朝は光を感じたい。カットが美しいガラスのボウル、陰影の出る輪花皿としのぎの入ったカップで朝特有の柔らかな光を愉しみます。オープンサンド、サラダとフルーツでお皿を豊かに。

仕事のある日はとても朝が早いため、職場でパッと補給するだけの朝ごはん。だからこそ、家でゆっくりと食べられる休日はとても幸せに感じます。

そんな休みの日の朝ごはんは、シンプルにワンプレートの盛り合わせ。パンの気分のときはサラダと盛り合わせて、ごはんを食べたいときはつくり置きのおかずをちょんちょんと。

和でも洋でも、7~8寸の平皿が使いやすい。とくに土もの、輪花は和洋を問いません。そしてワンプレートのときは、面積の8~9割まで気前よく盛り付けると豪勢に仕上がります。品数が少なければ、お皿を小さめの6寸にして盛り沢山な感じを出して。

フルーツやヨーグルトを添えれば、心にも体にも嬉しい朝のお楽しみ時間の始まり。せっかくの休日、いいスタートを切れますように。

和食

和食でも、かごやひだ皿で朝の光を感じて。かごの中には朴葉を敷いて、見た目のよさを上げながら洗い物を減らす作戦。味噌汁の野菜もスライサーでササっと。おかずはつくり置き。ラクかつ、心踊る休日朝ごはんの完成です。

休みの日の、
器を楽しむゆっくり朝ごはん

使った器

洋食

関口憲孝
茶７寸輪花皿

川口武亮
粉引しのぎカップ

西垣聡
亀甲ボウル

使った器

和食

やのさちこ
菊蒔絵仙才型吸物椀

叶谷真一郎
4寸ひだ皿

松浦コータロー
紅安南牡丹文酒盃

山田洋次
黄釉切立小鉢

楕円竹籠（栃木県）

テイクアウトも好きな器で機嫌よく盛り直しランチ

新潟市に出かけた折は、「アトリ」でお弁当を買って帰ります。地元野菜を使った、彩り豊かで宝石のようなお弁当。

家に帰ってきたら、かごや器を用いて気の向くままに盛り直します。今回はもとから素敵なお弁当ですが、スーパーのお惣菜だって様子が大きく変わります。盛り直した途端、とっておきの一膳に。

簡単なのは、テイクアウトのパックのお寿司。パックから出して板皿にのせる、それだけで一流寿司の顔をします。気が向くと、キュッと握り直して手毬寿司にすることも。

食欲のないときは、ところてんだけという日もあります。それだって、どの器に盛り付けようかと考えるのは楽しいもの。気分にぴったり合った器が何倍も美味しくしてくれます。

「アトリ」のお弁当には、新潟という土地と季節の感じられる体に優しい美味しいものばかりが、ギュッと閉じ込められています。店主の天野さんの料理と私の器を合わせる会を開いたり、朝食を持ち寄って海辺で朝ごはんを食べたりする仲なのです。

盛り直し①

ふちが立ち上がった銅鑼鉢でお弁当感。ごはんを末広の型に抜いて。真ん中に丸い器を配置すると、バランスを取りやすい。その後大きめの豆皿を上に2つ、小さめを右に3つ、左下に直置き。線でくっきり分かれないような、割り切れないリズムをつくります。

盛り直し②

かごを用いて、野趣あるお弁当ランチに。直置き、平皿、ゴブレットと奥に行くにつれ高さを出しています。ゴブレットの下に輪花皿が入ることで、シルエットに重なりが。大きめの丸い皿2つではかごに入りきれませんが、一方を扇皿にしたことで仲よく並んでくれました。

テイクアウトも好きな器で
機嫌よく盛り直しランチ

使った器

盛り直し①

石川若彦
手付小鉢

川口武亮
淡緑三島ぐい呑

阿部春弥
菊花豆皿

前田麻美
芙蓉豆々皿

佐藤もも子
染付高台杯

稲葉カヨ
四角向付「葉になる鳥」

角田淳
輪花カップ

伊藤剛俊
黒ポット

二階堂明弘
焼締ドラ鉢伊豆土

使った器

盛り直し②

松本郁美
白磁色絵掻き落とし扇皿牡丹

叶谷真一郎
4.5寸三島皿脚付

須藤拓也
染付湯呑

木下和美
黒釉銀彩ゴブレット

伊藤剛俊
銀菊花鉢

村井大介
チタン釉ティーポット

平野日奈子
菓子皿コバルト

てから工房
六ツ目編みかご

美しい器、お菓子で自分をねぎらう時間

和菓子

素材感を楽しみたい和菓子には、支えて引き立てる側に器が回ります。稜花の繊細な美しさ、上品な黒でシンプルに。そしてお菓子が高級なものであった時代を想いながら、恭しくいただきたい。仏さまも坐る蓮弁の器で特別感を味わいます。

お気に入りのお菓子屋さんで、仕事帰りに甘味を買ってくる日があります。疲れが溜まっているときや、作業が一段落して次の仕事に移ろうというときの、よいリセットに。

好きなお菓子を、好きな器で、好きなお茶と愉しむ。心も体もほっと調う時間です。

器は、器とお菓子が互いに高め合うようなものに。そして何より、気分に合うもの。または、なりたい気分に押し上げてくれるもの。ちょっと和みたい、疲れを癒したい、作業に向けて気分を盛り上げたい――。食器棚を眺めていると、「あっこれだ」とピンと来ます。

メインの器が決まったら、次はポットと湯呑。お茶の時間に限らず、視界に「幸せしかない」となるように、一度置いては変えてみることもよくあります。

洋菓子

洋菓子は、華やかな器を用いて相乗効果の美しさを目指します。引き算も大切だけど、こんな足し算も楽しいもの。豪奢な装飾や美麗な彫りのある器で、洋菓子のためのステージを用意します。キャンドルホルダーや燭台で雰囲気を盛り上げて。

使った器

和菓子

伊藤剛俊
雪輪風皿

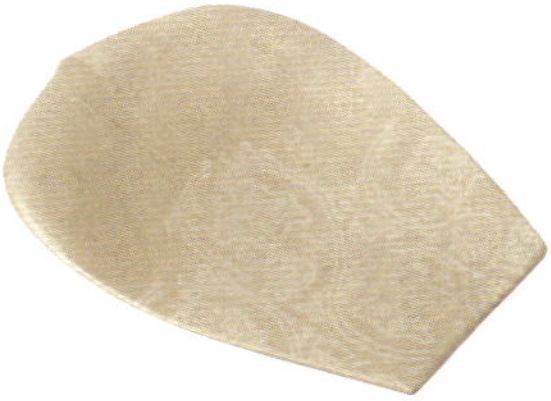

八代淳子
更紗文乾漆蓮弁皿

中荒江道子
猿桃筒猪口

南裕基
稜花盆

伊藤剛俊
透々台皿

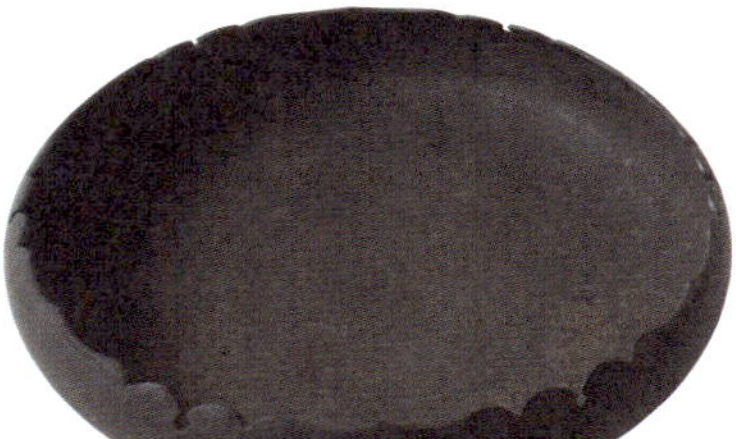

伊藤剛俊
雪輪浅鉢

伊藤剛俊
黒ポット

使った器

洋菓子

伊藤剛俊
いっちん丸皿

直井真奈美
三つ脚コンポート

伊藤剛俊
透々

伊藤剛俊
ドレスカップ

伊藤剛俊
蓮透白金菓子皿

伊藤剛俊
透々

伊藤剛俊
蛍手ポット

Column1

重箱、木箱

「箱」というものが好きです。蓋を開ける喜びがあり、覗き込む愉しさがある。

以前、うつわギャラリー「ヒメミズキ」で開かれた「阿部春弥・コバヤシユウジ 2人展」で、上の写真の重箱と豆皿のコラボレーションに出会いました。シンプルで美しいコバヤシユウジさんの木箱に、阿部春弥さんの艶のある豆皿（左側）が4枚収まっている。このぴったりな様子に心をつかまれました。最近二階堂明弘さんにお願いして同じサイズの豆皿（右側）をつくっていただき、一の重が阿部さんで、二の重が二階堂さん、というように段ごとの表情を楽しんでいます。料理を盛り付けて友だちのところへ持って行ったり、ピクニックのお供にしたり。木にはまっているおかげで、割れる心配もなく気軽に持ち出せます。

茶懐石には、亭主とお客が盃を酌み交わす際、海のもの、山のものを杉の盆に盛る「八寸」という文化があり、その趣向を凝らした世界にとても惹かれます。杉田悠羽さんに特注でつくっていただいた木箱（右の写真）は（八寸の大きさではありませんが）、そんな楽しみ方にもいいなと思います。お重になり、お盆になり、お弁当にもなる木箱。詰め込む愉しさ、開けるワクワク、たまりません。

これが好き　器と器まわり

2章

折々のマイブームに沿いながら、さまざまな種類の器を集めてきました。どれにも出番があるよう、できるだけ順繰りに使っています。器は、使われてこそ。とはいえ、仕舞われている様子も愛おしい器たちです。

懐の深い浅鉢、銅鑼鉢

a 二階堂明弘さんのこちらの浅鉢は、私にとって始まりの器です。横から見たシャープな輪郭に一目惚れでした。高台がなく、美しい角度でふちが上がっています。まとう空気でその場を変えてくれる、緊張感のあるシルエットが衝撃的でした。

c

b 土のぬくもりを感じる佐藤正一さんの三嶋銅羅鉢。以前、長岡市の「ぎゃらりい栗本」で俵形の向付を気に入り、金沢の日本料理屋「鱗町 白」の開店の際にはこの三嶋銅羅鉢をつくっていただきました。化粧土に見え隠れする模様が奥ゆかしい。

c 穴窯で焼かれた磁器の浅鉢は竹下鹿丸さんのもの。勝手に「春の海」と名付けています。富山出身の友人から「ホタルイカが海岸沿いに現れる日は晴れて、空気は湿度に満ち、空がほんわりピンク色」と聞いたことを思い出し、この器をお迎えした日は、ホタルイカのぬた和えを盛り付けました。

My favorite item #1

使い勝手抜群の浅鉢

少し深さがあり、何を盛り付けてもバランスよく見せてくれる、浅鉢。実は平面に盛るというのは少し難しいことで、中身が自然と中央に寄る器は工夫いらず。上がったふちが贅沢感を醸し出し、お料理上手に見せてくれる懐の深い器です。

浅鉢ひとつあれば汁気のあるものも受け止めてくれますし、お茶碗に見立てて使うこともできます。素材そのままでも、大根サラダのような細かな具材でも一手間多めに加えたかのよう。コツは余白を3割残すだけ、5割残せば高級感も。

数々集めた器の中でも、コレクターのごとく集めているのが二階堂明弘さんの浅鉢。薄さがもたらすシャープなラインで、輪郭に緊張感があり食卓を締めてくれます。私の器集めは、二階堂さんの浅鉢（39ページのa）から一気に加速したのでした。

1 打田翠｜炭化鉢　2 中園晋作｜リム鉢　3 佐藤正一｜三嶋六寸浅鉢

真ん中がステージの、銅鑼鉢

ふちが立ち上がり、底が広く平らな銅鑼鉢。おかずをどーんと受け止めてくれる器に見えて、実は真ん中に上品に盛り付けると映える器です。お刺身をちょんとのせたり、肉巻きを並べたり、お漬物を盛り合わせたり。真ん中に少し、の感じがお店で食べるような特別感を生み出します。

かさのあるサラダや白和えなどを盛り付けるときにも、やっぱり底がすべて隠れることなく、余白が見えていたほうがきれい。うず高くすると、バランスよく盛り付けることができます。

一口分ずつ先付けを盛り合わせて出しても、美味しそうに見えます。大きい銅鑼鉢ならお盆のように見立て、あれこれと小さな器を並べるのもおすすめです。

4

6

5

4 二階堂明弘｜焼締ドラ鉢 伊豆土　5 COCHI ｜ KASANE18cm　6 伊藤剛俊｜輪花銅鑼鉢

世界をつくる四角い器

a

a 岸野寛さんの、隅入りの向付。ひとり分を小分けするのにほどよいサイズで、高さがあり非日常感も出してくれます。高さのある器は、中をのぞき込む動作が楽しい。蕪の煮物を盛り付けたりします。

b 三条市の自然豊かな下田地区に工房兼ギャラリーを持つ「みひろ窯」さん（現在移転）。時折覗きに伺います。見た瞬間に、「これにこう盛り付けたい」と具体的なイメージが湧き上がった器です。側面が、楽しい。ここに小さい世界をつくりたくて、大小購入してしまいました。

c 「千鳥」さんで見つけた、唐子が井戸をのぞき込んでいる豆鉢。見ていると、頬が緩むのを抑えきれないほど、愛くるしい。ひとつ入れれば遊び心のあるお膳になります。これほど小さいと余白を考える必要もなく、使い勝手もいいのです。

丸の中で映える、四角

1

2

3

1 叶谷真一郎｜四角皿
2 樋山真弓｜色絵四方向付
3 稲葉カヨ｜福々絵付け豆皿「塞翁が馬」
4 須藤拓也｜染付角小鉢
5 廣政毅｜白磁陽刻天之美禄角小皿
6 渡辺信史｜角雲型向付（炭化）

個人的な好みですが、丸いお皿だけを並べるより様々な形を組み合わせたいのです。器は円状が多いので目に馴染みがありすぎる。だからこそ、四角いものがひとつ入ってくるだけで、アクセントになります。

そしてもともと、箱が好き。可愛いクッキー缶やボックスをつい集めてしまうほどです。箱の中には、小さな世界をつくることができます。

大きな四角い器には、豆皿を並べて箱にしまい込むような楽しみも。重箱のイメージで使います。

最初に購入した四角い器は、板皿でした。生春巻きを積み重ねたり、ブルスケッタを並べてワインのお供に。おむすびを並べてたくあんを添えても見映えよし。和でも洋でも、のせるだけで「美味しいものの世界」を生み出してくれるのです。

4

5

6

豊かさを ひとつ上げてくれる 高台

b 横山拓也さんの高台がとても好きです。こちらは、黒っぽい土に白い化粧土をかけ、釉薬が薄くのせてある、ほんのり艶のある高台。マットさも生かされていて、和でも洋でもよく合います。

a 収集に歯止めがかからない伊藤剛俊さんの器。高台にまで美しい彫りが施されているのを見たときは、「なんてことだ！」と飛びついてしまいました。もう、使い道うんぬんを超えています。とはいえ、何でものせて、食卓をめかしこませています。

c こちらも横山拓也さん。柔らかい白と、下から滲み出る黒が素敵。平らな高台は、銅鑼鉢のように真ん中盛りがよく映えます。メインをのせるのに活躍。揚げ物も様になります。

My favorite item #3

お膳という舞台に高台で躍動感を

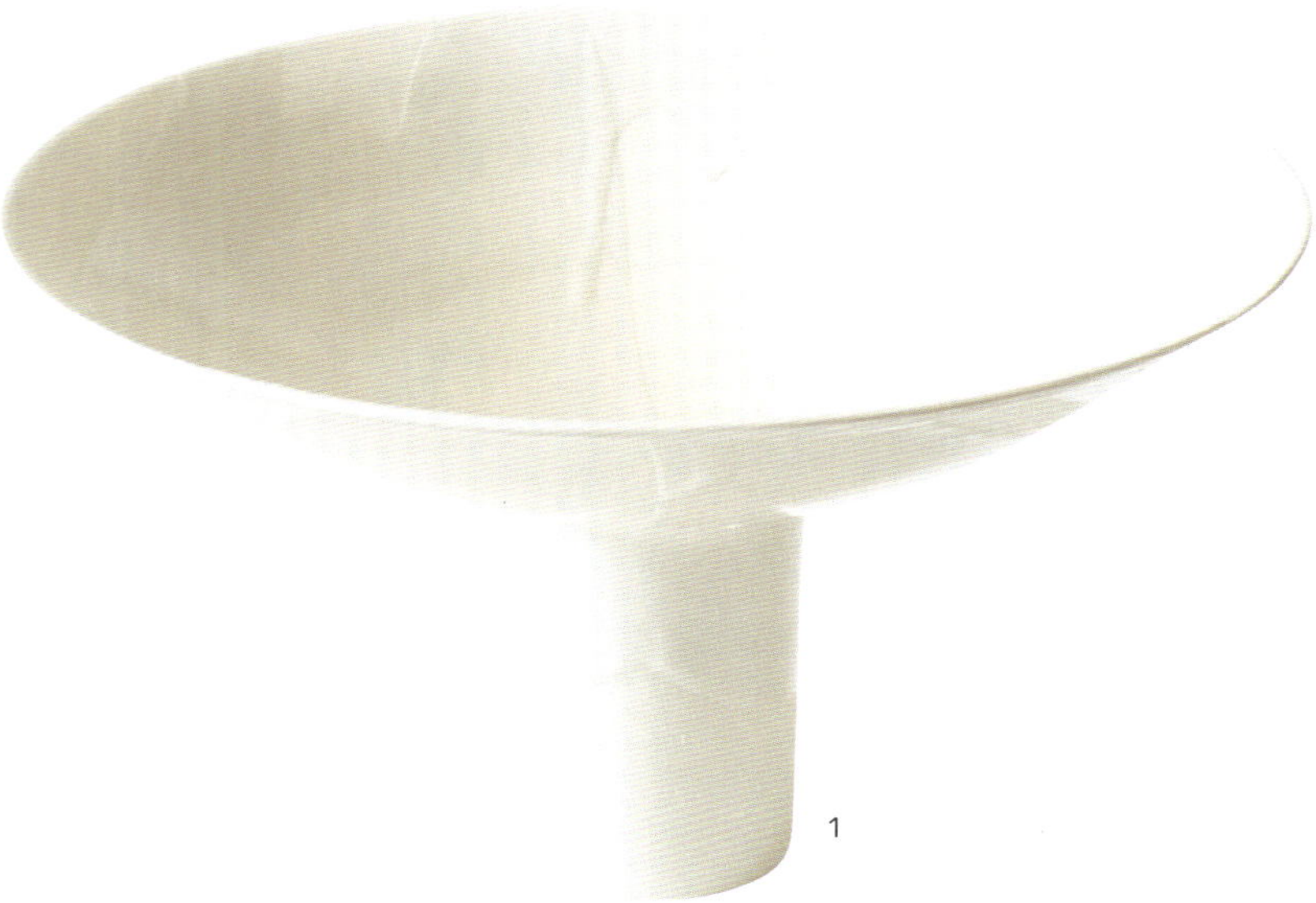
1

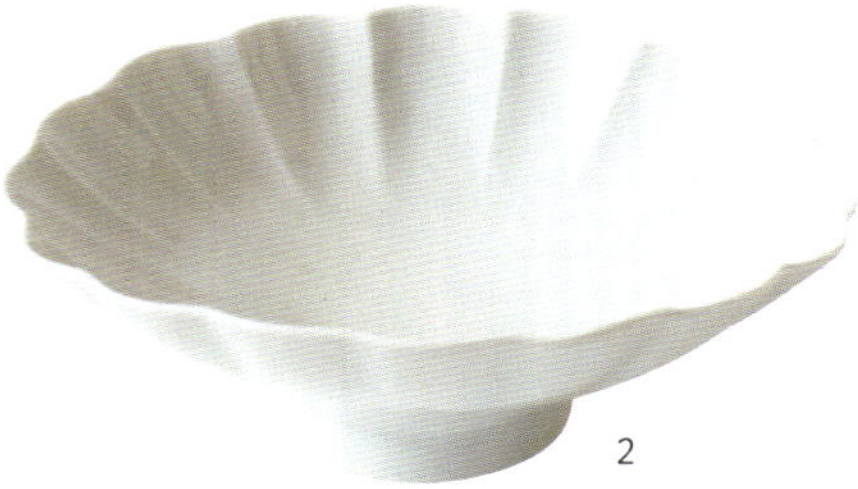
2

食卓をつくるとき、高低差を大事にしています。奥に高台があることで、手前から向こうに行くにつれ視点の上がっていくお膳に。お盆の上はステージなので、どのように見えるのかはとても大切です。そこに、躍動感や愉しさをもたらしてくれるのが、高台。

高貴なイメージが強くて手を出しにくい、という方もいるかもしれません。けれど実は、何をのせても大丈夫。恐れ多いように見えて、ひとつあるだけで簡単に食卓に躍動感を出せる、使いやすい器です。

天ぷら、和え物、どんなおかずでも受け止めて、特別な存在にしてくれます。お茶の時間に、お菓子をひとつのせるのもおすすめ。

そこに在るだけで気分を上げ、日々がんばる心を労ってくれるのが高台なのです。

4

3

5

6

1 オノエコウタ｜白釉高台鉢

2 角田淳｜花鉢

3 叶谷真一郎｜4.5寸三島脚付

4 オノエコウタ｜黒釉掛け流し高台鉢

5 角掛政志｜黒ツヤ 台付皿

6 竹口要｜コンポート皿

大きいのから中はどのまで基本の平皿

a 福村龍太さんの、9寸の台皿。汁のない料理であれば何でもありで、お寿司やホールケーキなども格調高く見せてくれます。銀彩は、経年で金のような茶色や黒っぽく変化するのもよい感じ。徐々に渋みを増していきます。

b 最初に買った佐藤もも子さんの作品が、こちらの5寸皿。ふちに柄が入っているので、料理を盛り付けても柄のよさが映えます。輪花形デザインが、立体感あり、使いやすい。取り皿や朝ごはんなど、単体でも素敵。ほかの器と組み合わせやすくもあり、出番の多い器です。

c 松浦コータローさんの絵付が大好きです。古典の復刻のようでありながら、唯一無二の独特の絵付。新作を出すたびに、色の組み合わせに驚かされます。日本古来のモチーフに愛猫を合わせた図柄など、単体で見て幸せになれる器です。

My favorite item #4

使いやすいのは、五~七寸の平皿

1

2

3

これから器にこだわっていきたい、という方は五~七寸の平皿から集めるのがおすすめです。

取り皿にもちょうどよいサイズで、「おにぎりとおかずを少し」「パンにちょっとサラダを添える」のにもいい。気軽に盛り付けられて、食べやすい。この隣に豆皿を置いてフルーツを入れ、お盆やトレイにまとめれば素敵な食卓の出来上がりです。

このサイズのお皿は複数枚一揃えで買うイメージがあるかもしれませんが、私は揃えず1枚ずつ買っています。そうすれば、好きな器をあれこれ買うことができるから。

土もの、絵付、染付、艶のあるものにマットなもの。リムがあったり、花のようなデザインだったり。作家さんそれぞれの個性や器の味わいを愛でながら、いろいろな取り皿で食卓に華やかさを添えています。

1 本間和花子｜掻き落とし花紋5寸皿（直径15cm） 2 小野澤弘一（直径20cm）
3 廣川智子｜粉引リム皿（直径18cm）

八寸〜一尺以上の大皿

大勢分をひとまとめにドーンと出すなら、このサイズ。また、あれこれ盛り合わせて、カフェのプレートのようにしても素敵です。お盆に見立てて、豆皿を並べても可愛い。私はお盆に見立てることが多いので、買うときにはのせる器を想定しながら選んでいます。

大皿は面積が広いので、食材の色合いとなじむ落ち着いた色みのものを選ぶと盛り付けやすいです。明るい色みのものを選ぶなら、土ものがおすすめ。

さらに黒い釉薬が鉄のような質感に見える大皿は、料理の格を上げ、美味しそうに見せてくれます。

盛り付けのコツは、リムに料理がかからないようにするだけ。ひとりでも大勢でも素敵に使える大皿が一枚あると、何かと助かります。

1

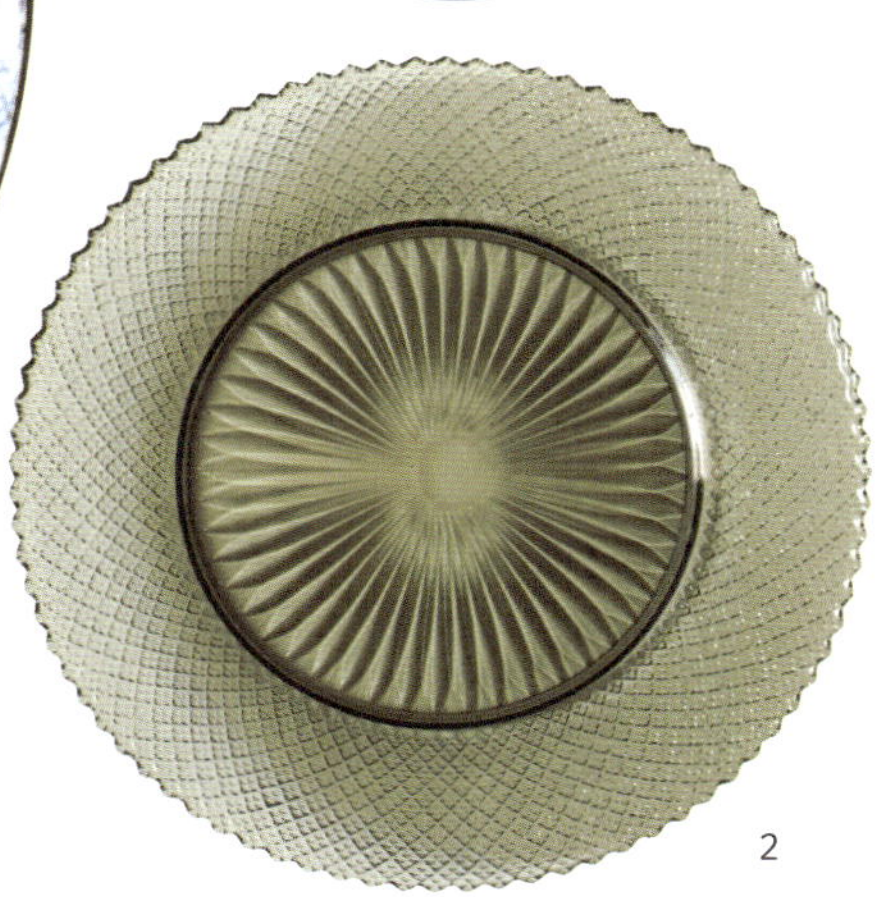

2

3

1 廣川智子｜黒釉八寸皿（直径25cm） 2 スウェーデンで購入したガラスのリムプレート（直径32cm）

3 稲葉カヨ｜9寸大皿「福獅子牡丹」（直径28cm）

敷き詰める喜び
豆皿

a 阿部春弥さんの牡丹豆皿。花芯が中心から外れていて、より立体感を醸しています。一色で立体感のあるものは、周りの器とも料理とも幅広く合わせやすい。とくに、紺は使いやすいと感じます。

b 最近のマイブームは、一周回って土ものです。その勢いで、gallery tanneさんで開催された増田勉さんの作陶展で粉引の豆皿や小鉢、片口を一揃え。この粉引豆皿は、土に含まれる鉄分が表面に現れる鉄粉の出方が愛おしい。

c 前田麻美さんの、シルエットが楽しい豆々皿。大皿の上にのせても、隙間に置いてもいい。実際の花と同じような小ささで、薬味を添えたり、コロンと何かひとつのせたい器。こんな愛おしいものをいっぱい並べる喜びがあります。

My favorite item #5

1枚からでも、試しやすい

1

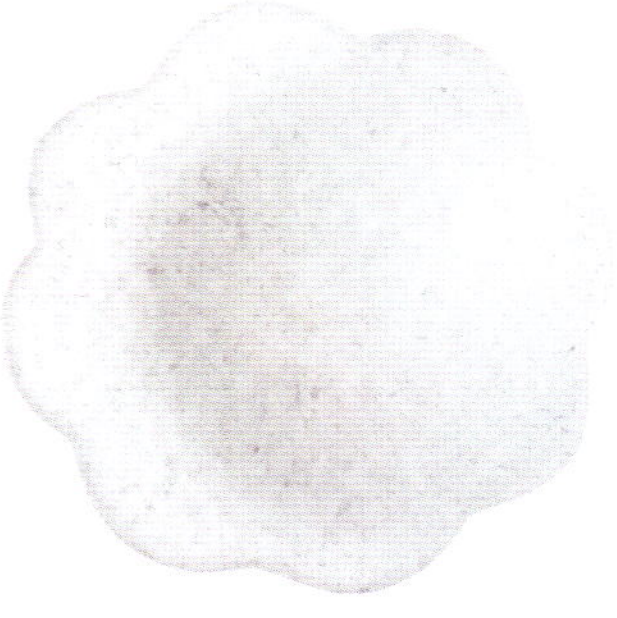
2

3

若いころから、手のひらに収まるような小さい豆皿が好きでした。仕事でヨーロッパに引っ越すことになったときは、有田焼の豆皿をいくつか持って行ったくらい。

数を並べる際には、輪花の豆皿が入ると間延びしません。絵付は土ものとよく合い、目から元気をもらえる組み合わせ。煌びやかな焼きもの、土もの、染付といった渋い豆皿まで、さまざまに楽しんで置いてみてください。

買いやすいお値段でもあるので、憧れの焼きものや作家さんのものを購入するよい一歩目となりそうです。

どう使えばいいかわからない方は、「ワンプレートの中にひとつ」から試してみてください。いつもの一皿が新鮮な表情を見せてくれます。

7

4

8

5

9

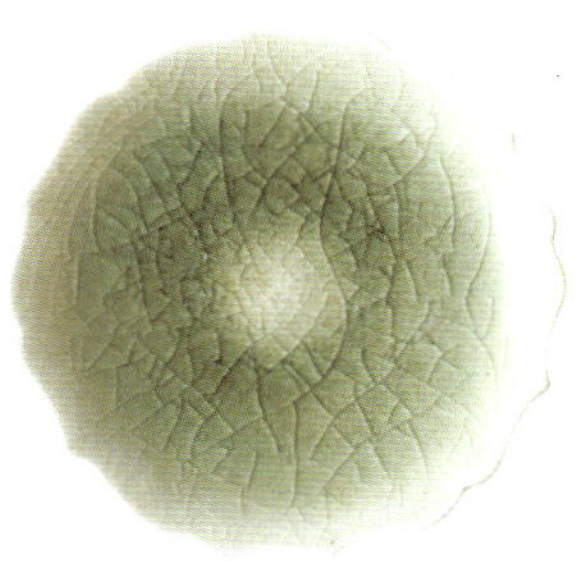

6

1 二階堂明弘｜焼締豆皿
2 近藤綾｜ひらり
3 su-nao home｜輪花楕円豆鉢
4 川口武亮｜林檎灰網目文四方豆皿
5 稲葉カヨ｜豆型小皿「染付牡丹祝福キング唐草」
6 宮田竜司｜灰釉稜花豆皿
7 自作のうつわ｜いっちん豆皿
8 平野日奈子｜角ミニ鉢コバルト
9 前田麻美｜白磁いっちん豆皿

日常の相棒
急須、ポット、土瓶

a オノエコウタさんの、洋でも和でも用途が限定されないポット。蓋が銀彩で、同じく銀彩のドリッパーと同時に購入しました。持ち手が平たくて可愛い。銀彩は、時々重曹で磨いて色を保っています。

b 伊藤剛俊さんの急須。蓋に施された蓮の彫りが空間を引き締めてくれます。彫りのおかげで明暗のある、表情をもった黒が美しい。締めてくれるのに、馴染んでくれる。佇まいに惹かれて多用しています。

c ずっとほしかった鈴木環さんの土瓶。クラシックなデザインで鋳物のような佇まいでありながら、繋ぎ目まですべて陶器。持ち手は自ら鉄を叩いてつくられています。冬、ストーブの上に置くのが楽しみでなりません。

d 笠間の土で作陶される丁健二さんの作と思われる急須。あまり器類を買わない父が気に入って購入したものですが、もったいなくて使えずにしまい込んでいたのを譲り受けました。土の質感に温かみを感じるこの急須で、日本茶をよく淹れています。この急須の高さが、食卓全体のバランスを整えてくれます。

お茶時間の幸せ、より深まる

1

2

3

1 伊藤剛俊｜蓮白金ポット
2 父から譲り受けた土瓶(笠間焼)
3 福西雅之｜煎茶宝瓶

お茶が好きです。お茶の缶も好きです。棚にはいつも、種々のお茶がぎっしり。家にいるときは途切れることなく淹れては飲んでいます。食事中、食後、作業中にも。

土瓶は直火にかけられるので、冬になるとだるまストーブにかけっぱなし。お茶を煎じたり、白湯を飲んだり。水分をとるようにと意識しだしてから、体調がよくなりました。

急須は持ち手と注ぎ口が直角、ポットは対面に付いています。そのとき必要な量と気分に合わせて選びますが、飲むお茶の雰囲気に合わせることも。食事に使う器に合わせて急須を選び、そこから急須に合うお茶を選ぶこともあります。反対に、食事に合うお茶を選んでから、それに合う急須やポットを選ぶこともあります。

4

5

4 伊藤剛俊｜蓮ポット
5 村井大介｜チタン釉ティーポット

器にも道具にも、片口

a 自作の片口。計量カップのように使ったり、卵を溶いたり、しゃもじを立てたり。ドリップしたコーヒーを入れるのにも。道具として使うと、台所に温かみがでて調理が楽しくなります。手づくりドレッシングを入れるのにもほどよい。

b 土瓶で沸かしたお湯を片口に一度注ぎ白湯を飲むのが毎朝の儀式。添える手を美しく見せてくれるのが星野友幸さんの片口です。自分を俯瞰で見たときの満足感がある。一日の始まりに、心を落ち着かせてくれます。

c お膳の中に高低差を出し、形の変化も付けられるのが片口のよいところ。増田勉さんの片口は、豆皿の中に並んでちょうどよいサイズ。粉引きの風合いが、合わせる器を選びません。

My favorite item #7

存在も、注ぐ所作も美しい

1

2

3

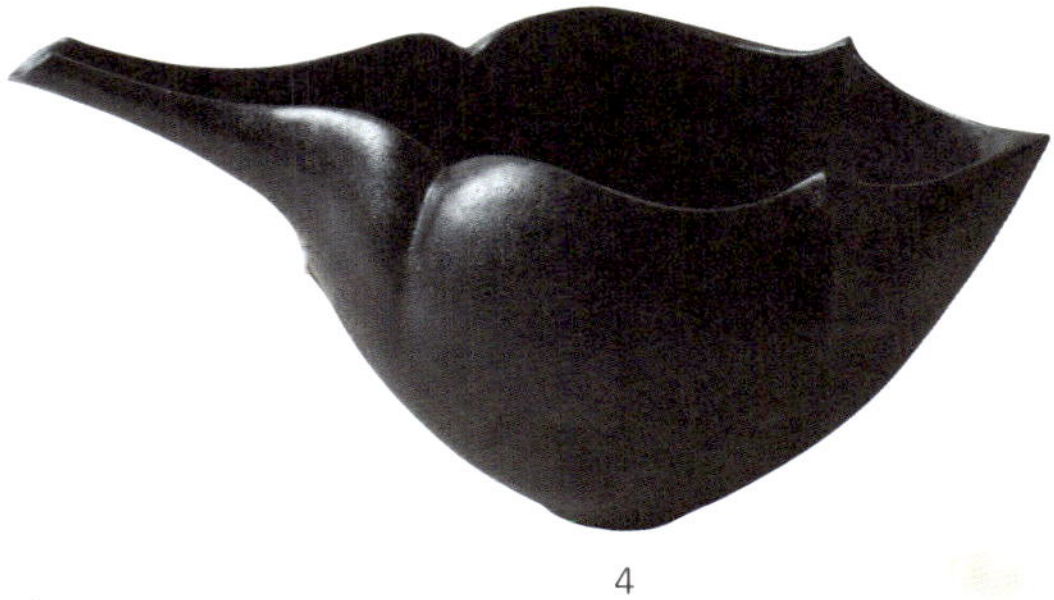

4

5

1 貴島雄太朗｜削紋片口
2 小林裕之・希｜雲の片口
3 福西雅之｜祥瑞湯冷まし
4 伊藤剛俊｜片口
5 若杉聖子｜雲形片口

もとは日本酒など液体を注ぐための片口。注ぐ用途で使わなかったとしても、デザインとしてとても素敵です。

大きく浅いものなら、丼にしてもおもしろい。小さいものなら、豆皿の並ぶ中に立体感をもたらしてくれます。突き出た部分が空間を埋めて、お膳の中に無理のない調和を取ってくれるのです。

液体を注ぐものとして使うときは、お茶や白湯のための湯冷ましにしています。片口から湯呑にお湯を注ぐ動作で始める朝は、〝道〟に通じる心の安らぎを感じます。一呼吸調えてから、その日を始める心地よさがあります。

「いい日になりそうな予感」を連れてきてくれる、片口。その日に合ったもので朝を始めたいから、今、一番集めたいのは、片口です。

7

6

6 若杉聖子｜蓮弁片口
7 菅野一美｜掻き落とし丸型虎文片口

繊細な美を放つ 日常使いできる漆器

a やのさちこさんの蓋付の汁椀。雑煮、味噌汁、お吸い物に。何の変哲もない汁物だったとしても、こちらによそえば特別な一杯となります。上品な白漆が、漆の魅力をより広く深く魅せてくれています。

b 虎の絵が可愛い豆皿も、やのさちこさんの作。菓子、卵焼き、おむすびを置いても美味しそう。やのさちこさんは、漆の器に革命を起こした方だと思っています。黒や朱色といった漆のイメージを覆し、色漆を用いた繊細な漆絵で現代の食卓に合う器を生み出されています。

c 黒沢理菜さんの卒業制作で生まれた煌びやかな重箱。金と卵殻の蒔絵です。ギャラリーで見て忘れられず、半年後に連絡を取り売っていただきました。これだけの細工はもうつくれない、とご本人談。友だちの家に料理を持って行くときなど、重宝します。

My favorite item #8

日本が誇る、丈夫な漆器

1

2

5

3

6

4

1 赤木明登｜摩利蒔絵皿 黒3.6寸、赤2寸

2 八代淳子｜一閑張錫彩豆皿

3 赤木明登｜能登盃 赤

4 黒沢理菜｜唐草

5 古物｜高台菓子器

6 古物　蒔絵が美しい煮物椀

実家では、お正月に漆器を使っていました。母が布に包んで丁寧にしまっていた、特別な器という印象があります。しっとりと塗りだけで仕上げたものや、錫粉仕上げのマットな漆器などは今の暮らしにも取り入れやすいです。漆職人の技に興味を持ち、新潟に来てから螺鈿と蒔絵の漆芸を習いました。もし、初生雛鑑別師になっていなければ、漆芸家を目指していた可能性もあります。

　漆は、耐久性、防水性、殺菌力が非常に強い自然界最強の塗料で接着剤です。自然のもので食に対して安全なうえ、強い器ができる。漆の素晴らしさは唯一無二なのです。

　日本の誇る漆器を大勢の方に身近に使ってほしい。扱いはそれほど神経質になる必要はなく、ほかの器と同じようにこれでたくさん食べて、洗って。紫外線だけ気をつけて。

7

7 母からの贈り物｜大館の曲げわっぱ

夏にも冬にもガラスの透明感

a 盛り合わせるときに使いよい、西垣聡さんのボウル。少し高さがあり、お膳の中でひと際映えます。お浸しと酢の物、果物を2種類など、色の違うものを入れて映りを楽しみます。

b 貴島雄太朗さんの盃。丸い脚が可愛らしく、削りの入ったフロストの盃部と透明の組み合わせが美しい。イクラや酒の肴を少しのせると、お膳の特別感がまたぐんと上がります。

c クラシックな色合いの津田清和さんの器。あえて不純物を取り除かないことによる昔ながらのガラスの風合いです。揺らぎがあり、光の屈折がきれい。

色、水、灯、ゆらめく美

不透明な器たちの中にひとつガラスが入ると、視界の重量が軽くなるような抜け感が出ます。豆皿の盛り合わせでお膳をつくるとき、魚卵や塩辛、フルーツやデザートなどがガラスに映ればとてもきれい。器と器の間にできる余白に変化をもたらし、お膳に動きをだしてくれます。

　氷のような涼やかさで夏に活躍するのはもちろん、冬のガラス使いも可愛いもの。冬場は食卓でろうそくを灯すことが多く、炎が映ってガラスでゆらめくのも、ガラスを通して炎を見るのもきれい。

　そして艶のある漆とガラスを合わせるのがとても好きです。ガラスが貴重だったころ、漆器はすでにあったはず。昔の高貴な人が使うイメージで、背伸びしてみたりしています。一点、割れる可能性があるので急激な温度変化には注意が必要です。

7

8

1 奥泰我
2 伊藤亜木
3 西垣聡
4 三浦侑子
5 西山芳浩
6 近藤綾
7 永木卓
8 Sghr｜ザ・ビアー：nido

食卓に 華やかなライン 輪花、稜花

a 関口憲孝さんの、王道の輪花。自然な土の風合いが美しい。大皿をドーンと食卓に出すようなご家庭にも、ひとり分のワンプレートにも。たっぷり盛り付けても、放射状の線がすっきりと見せてくれます。

b 阿部春弥さんの輪花。磁器で艶があるけれど、瑠璃色の釉薬が食材をしっくりと受け止めてくれます。少しオーバルになっていて、食卓に動きが。丸い器だけではなく、こんなオーバルや四角が入っていると楽しい。

c 豆皿、浅鉢、碗などで一膳が出来上がる入れ子の稜花。稜花はたくさん並べても場に静けさがあります。普段、一膳の中に同じ作家さんの器が重ならないようにするのですが、伊藤剛俊さんの器だけでつくる世界には静謐と洗練が同居して、うっとりします。

My favorite item #10

香しい立体感、輪花

丸い花びらのようなふちをもった輪花皿。放射状のラインで、食卓に手軽に立体感と華やかさをもたらしてくれます。どんな料理にも合う懐の深さがあり、食卓に余白があっても寂しさを出さず、ぎっしり詰めてもうるさくない。表情が豊かで、簡単にアクセントをつけることのできる、とても便利なデザインです。

また、菊花の輪花は稜花に比べると可愛らしい印象で、和の雰囲気をつくり出します。ここ10年ほどで輪花の人気が高まり、たくさんの器の中から選べるようになりました。

花のモチーフというのは、自然のものだけに食材と相性がいいと感じます。艶々してカラフルなものより、マットな土ものはより自然に近く、幅広く使いやすい。誰にでも簡単に取り入れられる器です。

1

2

3

4

1 阿部春弥｜菊花豆皿　2 伊藤剛俊｜銀菊花鉢　3 関口憲孝｜グレー5寸輪花鉢　4 角田淳｜輪花楕円皿

輪郭の妙、稜花

ふちに規則的な切り込みがあり、花弁の先が尖っているものが稜花皿。主張が少ないので、さりげなく使うことができます。輪花が可愛らしく柔らかい雰囲気なら、稜花はシャープな輪郭で優雅。輪花と稜花は同じ花のモチーフでも、もっている空気感が異なるのです。

とくに伊藤剛俊さんの稜花には、並々ならぬ執心があります。金属のような風合いと繊細な輪郭がたまりません。

そんな伊藤さんの入れ子の器は、見るたびに心を掴まれます。禅宗の修行僧が使う応量器への憧れがそうさせるのか、その美しい収まりのある、幸せ。並べる幸せ、食べる幸せ。稜花の重なりからたくさんの幸福をいただいています。

1

2

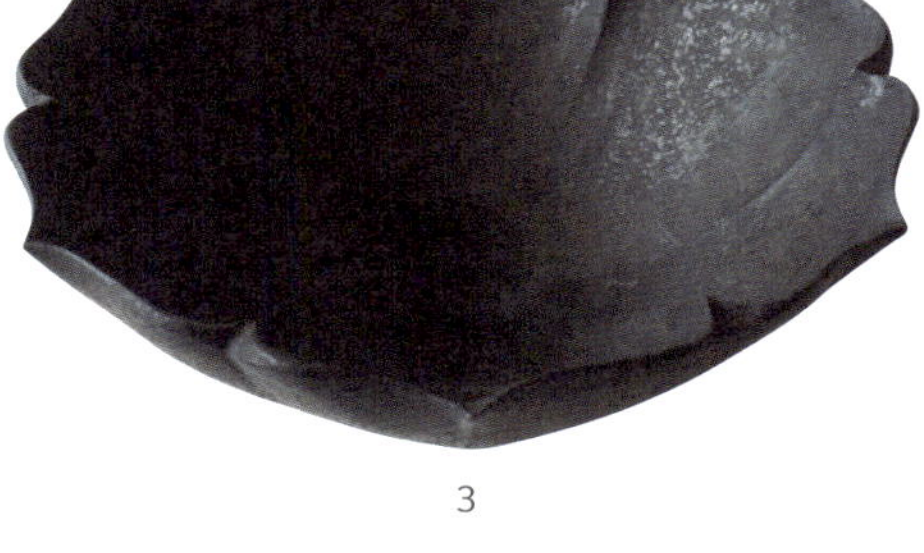

3

1 須藤拓也｜色絵染付稜花六寸鉢　2 宮田竜司｜灰釉稜花コンポート　3 伊藤剛俊｜六輪花鉢

食卓を彩る絵付の器

a 繊細な〝超絶絵付け〟をされる、福西雅之さん。見れば見るほど、細かい中に世界があります。父の愛用している湯呑みが、福西さんのもの。それを贈った叔母が福西さんのファンで、たくさん持っていると最近判明。見せてもらわなきゃ！ と意気込んでいます。

b 松浦コータローさんのオーバル。伝統の亀甲紋を用いながら、よく見れば現代的なお花がついていて可愛らしい。染付と赤のバランスが、この作家さんならではのたまらない味わいです。

c 稲葉カヨさんの愛らしい古典柄の絵皿。輪花でオーバル、かつ模様がふちにあるので、食材に色みがなくても華やかに見せてくれます。裏に「ありがとう」「おめでとう」の文字。その日一日ありがとう。私が私であることおめでとう。この器から日々祝福を受け取っています。

My favorite item #11

巧技に魅入る

染付（下絵付）とは、素焼き後「呉須」という青い顔料で絵付けし、釉薬をかけて焼いた器。色絵付（上絵付）は、釉薬をかけて焼いた後に描いたものをいいます。染付けて焼いた上に、上絵が描かれることもあります。

自分も制作をするせいか、どれだけ手数がかかっていて、大変な作業だったかと圧倒される絵付に惹かれます。そのように凄いものが、生活の中に入ってきてくれるありがたみ。幸せでしかありません。気の遠くなるような精緻な絵付を見ると、目が離せなくなります。

使うのが難しいと感じる方は、最初は模様が真ん中にだけあるものを

3

1

4

2

1 松本郁美｜白磁色絵掻き落とし扇皿牡丹
2 佐藤もも子｜染付6.5寸浅鉢
3 福西雅之｜祥瑞茶碗
4 松浦コータロー｜紅安南獅子牡丹文深皿

おすすめします。すると、食べ物が盛られているうちは隠れていて違和感がなく、食べ終わると現れる絵柄を楽しむことができますね。

5

6

8

7

5 松浦コータロー｜色絵格子猫文楕円小皿

6 稲葉カヨ｜5寸縁あり皿「福キクチョウチョ」

7 志村和晃｜色絵染付唐草文 輪花小鉢

8 稲積佳谷｜伝説の怪獣6.5寸皿

野菜を引き立てる、力強い古物

a 器として使うことも、切った食材を入れておく調理中の道具にすることもあります。こんな鮮やかな器を道具とすると、台所の風景が変わって料理時間が楽しくなります。柑橘を入れて部屋に置いても、素敵です。

b 非常に精緻な赤い絵付。猪口ですが、豆皿的に使っています。塩辛などを入れると、とても美味しそう。描き込みがとにかく物凄くて、気に入っています。

c 明治時代に発達した印刷技術、「印判」。庶民の器として量産されたため、お手頃です。ぽってりと厚みがあり、高温で焼かれていて丈夫。夏の野菜がよく映える、美しい青です。

d 青い部分は染付で、焼いた後に上絵付と金彩が施されています。伝統的な唐草模様に、獅子のような可愛らしい生き物が。松竹梅も描かれて、なんともおめでたい一枚です。

1

2

古き時代に思いを馳せて

4

3

テレビの「開運！なんでも鑑定団」が大好きです。古道具買い付けの仕事をしている友人がいて、時折「よい古物はないか」と見に行かせてもらっています。ほか、ギャラリーなどで古物を物色することも。

江戸や明治といった遠い昔に使われていたことに思いを馳せると、昔ながらの、今ではお目にかかれない料理がのっていたのだろうな、そんな料理が映える器なんだろうなと風景が浮かび上がってきます。

現代に生きる私が古物に盛り付けるのは、焼き茄子、浅漬けなどの手をあまり加えない野菜。そんな野菜の豊富な夏が、古物を楽しむ季節です。器を信じて、シンプルに。

よく見ると柄が「松竹梅」になっていたり、「福」「寿」といったおめでたい文字が入っていたり。器に込められた思いも一緒に愛でています。

5

6

7

1 麒麟図白磁陽刻八寸皿
2 九谷焼赤絵鯉図大鉢
3 色絵稜花小皿
4 牡丹模様角膾皿
5 染付徳利
6 祥瑞六角大鉢
7 印判松竹梅小皿

洋の器の、時代を超えた美しさ

a メルカリで見つけて、ビビッとほしくなったジノリのコーヒーカップです。普段の好みとは少し違うのですが、際立った美しさを感じました。使うときの満足感が、高い。ただ、こちらと合うお菓子の器を家の中で見つけられていません。持っている中で合うものを見出して、新たな組み合わせの扉を開きたい。

b『果物のひと皿』というレシピ本の表紙が好きです。こんな器があったらいいなとずっと思っていた中で出合った「サンタマン窯」のマリールイーズ。ネットで見つけて飛びついてからというもの、しばらくは洋のアンティーク付いてしまいました。

c 初めてのモナミは、スウェーデンに住んでいたときに知り合った、北欧雑貨のネットショップを営んでいた友人にいただいたカップ。その後スウェーデン在住の別の友人にいただいたこのプレート。「私の友人」という意味のモナミ。心が少し弱っているとき、これらを使って友の温かさを感じ、癒されています。

My favorite item #13

器が洋でも、のせるものは限らない

1

3

2

4

フランスの伝統的な生地デザイン「トワルドジュイ」に惹かれます。洋の器のアンティークにも、似た趣の美しさが。ただ自分の生活とイメージが結び付かず、なかなか手を伸ばせなかったジャンルです。それが87ページのマリールイーズを家に迎えてからというもの、素敵なアンティークの器を見るたび「ほしい！」の衝動を抑えられません。

洋食器に洋食が合うのは当然ですが、お浸しと生姜焼きのセットやカレーライスといった日本らしいメニューもおすすめ。〝ここに合う料理をつくってみる〟というのも楽しみ方のひとつだと思います。

せっかくなら、この雰囲気を楽しみたい。デザートを盛り付けたり、オープンサンドの横にラペを添えてみたり。おうちで手軽にカフェ気分を満喫しています。

5

6

1 フランスアンティーク｜E.BOURGEOIS

2 スウェーデンのアンティークマーケットで妹が見つけてくれたGUSTAVSBERG

3 フランスアンティーク｜H.BOULENGER&CIE ショワジールロワ

4 友人からの贈り物｜ノルウェーヴィンテージ FIGGJO turi design TOR VIKING

5 義弟からの贈り物｜ヴィンテージARABIA kosmos

6 友人からの贈り物｜ロールストランド モナミ

肝心かなめの、箸と箸置き

My favorite item #14

箸はもっぱら、マルナオです。好むのは、先が細くて持ち手は少し太めの箸。重量感も私には大切。世界一重い木といわれるリグナムバイタには青みがかった樹脂の美しさが。もうだいぶ色は抜けてしまったけれど、大切な食事の相棒です。

a 時折、浜辺へ行ってシーポタリーを拾います。それをそのまま、箸置きに。海に削られたどこかの国のいつかの器の欠片に、ロマンを感じながら。

b 阿部春弥さんの干支シリーズ、辰年。面積は広いですが、抜きがあるせいで重い印象になりません。ラインに動きがあり、箸とのバランスを取りやすい。

c 佐藤もも子さんの可愛らしい箸置き。染付が品よく、面積が小さいので合わせるコツがいりません。箸も置きやすく、さまざまなシチュエーションで使いやすい。

マルナオ｜逸品 スネークウッド 八角箸 金 235mm

恭しくご飯をいただける箸

箸にはとてもこだわります。食べものとともに、口の中に入るものだから。口に入って、すべる。この感覚が何より大切で、感触が心地よいものを選びたい。

買うときに試すわけにはいかないけれど、つまみ心地の確認は必須です。お店で実際に持たせていただき、動かしてみてから選びます。

これまでさまざまなお箸をあれこれと試してきて、最終的に辿り着いたのが「マルナオ」でした。職人さんのお仕事を見学させてもらったことがあるのですが、先端まで八角形に仕上げる削りと磨きの技に見惚れてしまいました。その技は、使い心地にしっかりと反映されています。出合ってからというもの、箸はマルナオのものばかりです。

私の好みは、先が細くて、ある程度長さがあり、全体的には重量感のあるもの。ごまめもつまめるほど先の細い箸でご飯を持ち上げると、ご飯がより神聖なものに見えます。恭しい気持ちで、背筋を伸ばして食べられる。細い直線に対して柔らかく温かいご飯粒という光景、眼福なのです。

最後にバランスを調える、箸置き

箸置きは、器や湯呑を用意したあと最後の最後に選びます。対角でバランスを取る感覚があるので、お膳の右上に置いた湯呑・急須と、左下に来る箸置きのバランスは要。最後に、全体を調えるのです。

　そんな要の箸置きは、存在自体がとても魅力的。豆皿と同じように、小さいのに世界観を持っています。器が服だとすれば、アクセサリーをまとうという感覚。さりげなく主役を引き立ててくれます。

　箸置きにもフォーカスしたいので、食事中にあえて箸を置くことがあります。一気に食べてしまわないよう、小休止を挟むことにもお役立ち。

　何より、箸を持ち上げたり、箸置きに下ろしたりという所作が好き。丁寧に食事をしている自分でありたい、そんな理想を実現してみて、俯瞰して眺める。所作というのは、そのための道具だと感じています。

1

2

3

4

6

8

5

7

1 松浦コータロー　2 若菜綾子　3 及川静香　4 阿部春弥　5 竹口要　6 岩田智子　7 福西雅之　8 阿部春弥

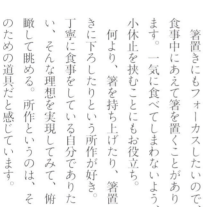

食卓の雰囲気を変える カトラリー、れんげ

a 松浦コータローさんのれんげは、盛り付け専用。絵付の世界観がなんとも可愛らしい。盛り付けるときは、柄に注目し、同色の料理にならないようにしています。そのほうが、お互いに映え合う。

b やのさちこさんの漆塗りのれんげ。軽くて舌触りがよく、とても食べやすい。おさじのように手軽に使えます。ヨーグルトを食べるときなど、嬉しい。

c 湯浅ロベルト淳さんのカトラリーは、木製。一見金属かのような繊細でシャープな輪郭。漆が塗られて、強さと扱いやすさが加わっています。木ならではの口当たりの優しさが格別です。

My favorite item #15

シャープさが美しいカトラリー

金属を口に入れるのがあまり好きではなくて、カトラリーには木のものを選ぶことが多いです。湯浅さんの作品は木製にも関わらず、シャープな美しさでお気に入り。軽くて扱いやすく、使い勝手も至高です。

金属製では、クチポール。かなり昔に買ったもので、フォークは今のものとデザインが異なるようで、私のはかなり鋭利です。ナイフの切れ味も鮮やか。使いやすさはもちろんのこと、この鋭利さが美しいと感じます。

アンティークのカトラリーもいくつか。気に入ったものを見つけたら、都度1本ずつ買っていくのでメーカーなどはバラバラです。アンティークは揃っていなくても、味わいに共通するものがあるせいか雰囲気で統一感が出る気がします。

1 クチポール｜ムーンミラー シルバー
2 クチポール｜ムーンミラー シルバー
3 クチポール｜ムーンミラー シルバー
4 真鍮製アンティークスプーン
5 フランスアンティークフォーク
6 友人からの贈り物｜フランスアンティークナイフ

れんげ。文化も慈しむ

盛り付けにも、食べるのにも、スプーンよりれんげを選びがち。器に近いような感覚があり、使うときに親しみや温かみを感じます。

れんげって、柄にくぼみがありますね。あれは、人差し指を置くための溝なのだそう。知ったときには、そうやって持つものなんだ！と驚きが。新たに知った〝れんげを持つ〟所作。美しいな、とれんげを使う楽しみがさらに増しました。

文化や伝統を知って取り入れることは、それらを引き継ぎ広める一役を担える気がします。「この溝なんのためか知ってる？」と会話も楽しめる。食事にそんなおもしろ味や、所作の美を意識することのよさを思います。この話を聞いてからというもの、より一層のれんげ好きに。中国アンティークの世界を、時折ネットで旅しています。

4

1

5

2

3

1 青木郁美｜スプーン

2 大桃沙織｜アルマイト加工のアルミのレンゲ

3 十場あすか｜化石まるれんげ

4 松浦コータロー｜色絵牡丹文蓮華小付

5 福西雅之｜染付更紗紋散蓮華・小鉢

食事の舞台をつくる、お盆

My favorite item #16

高塚和則さんのスタイリッシュな八角盆。緻密な彫りで、陰影がなんとも美しい。高塚さんの丸い盆も持っていて、そちらは彫りの幅が広いため、優しく温かな雰囲気。彫りの陰影で、印象がずいぶん変わります。

舞台の土台を選ぶ

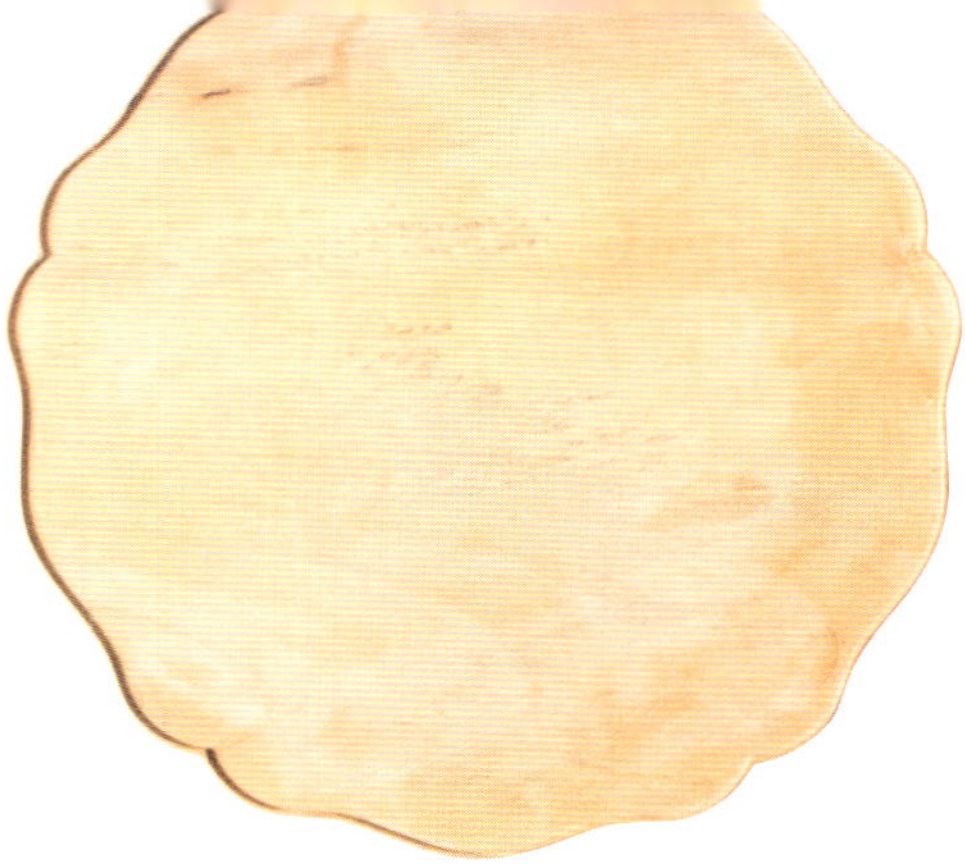

1

2

3

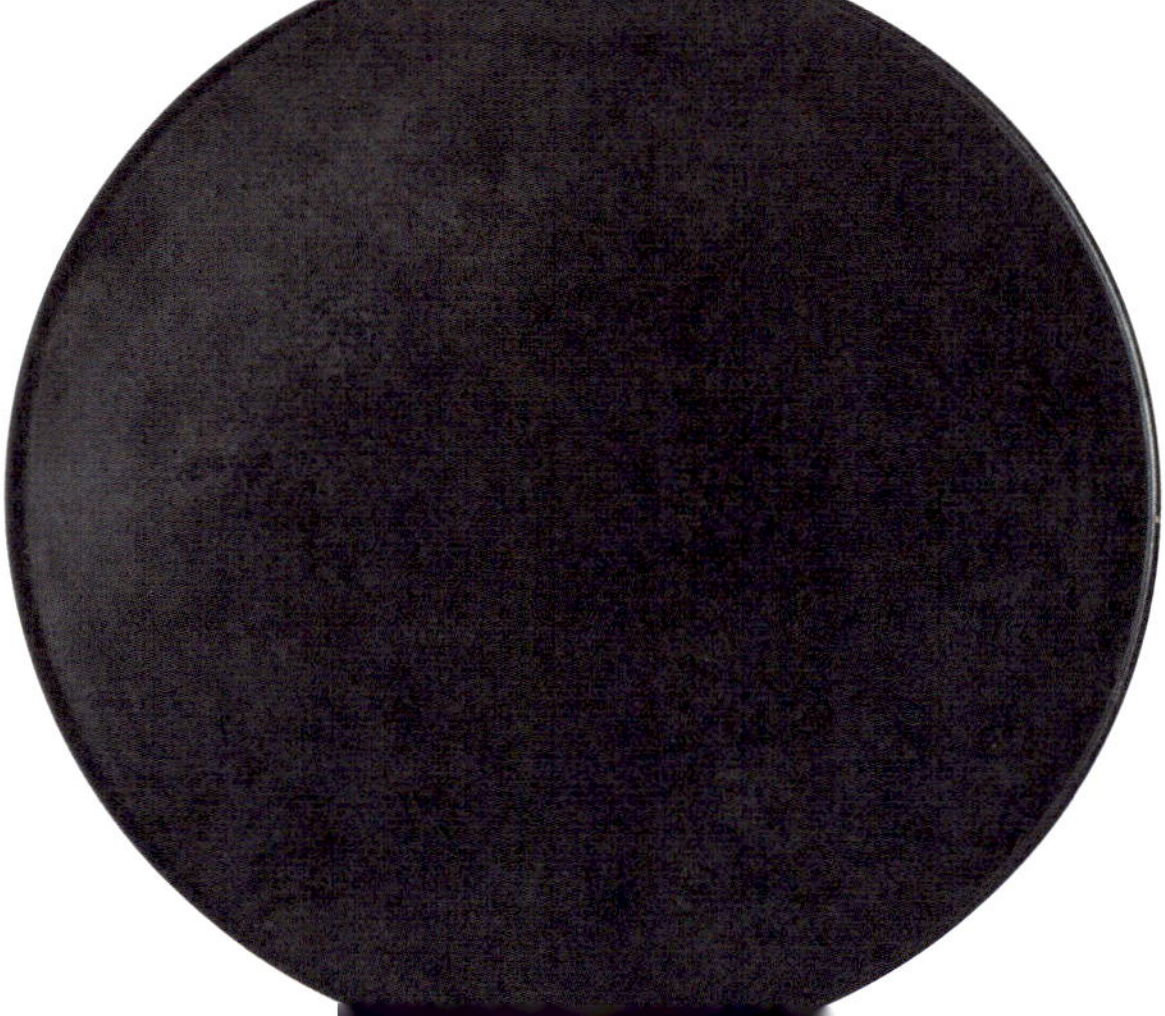

4

お盆やトレイは、食事のステージです。せっかく丁寧に扱った食材を選ばれし器に盛り付けたのだから、ふさわしい舞台を用意してあげたい。

広いテーブルの上、お盆で「この中」という領域を決めることで世界が定まります。狙ってそこから飛び出させるものがあるとしても、その範囲の中でどう遊ぶかの味わいがあります。〝大人の愉しいおままごと〟感が倍増しに。

どんな形でもお盆が一枚あれば重宝しますし、複数あればその日の気分で食事の舞台を選ぶことができる。背筋を伸ばして食べたいのか、ほっとした気分で食べたいのか。

これから買うとすれば、丸いものなら和洋で汎用性が高いです。面積だけ揃えて、丸、四角、輪花、八角と、家族のお膳がバラバラでもおもしろいと思います。

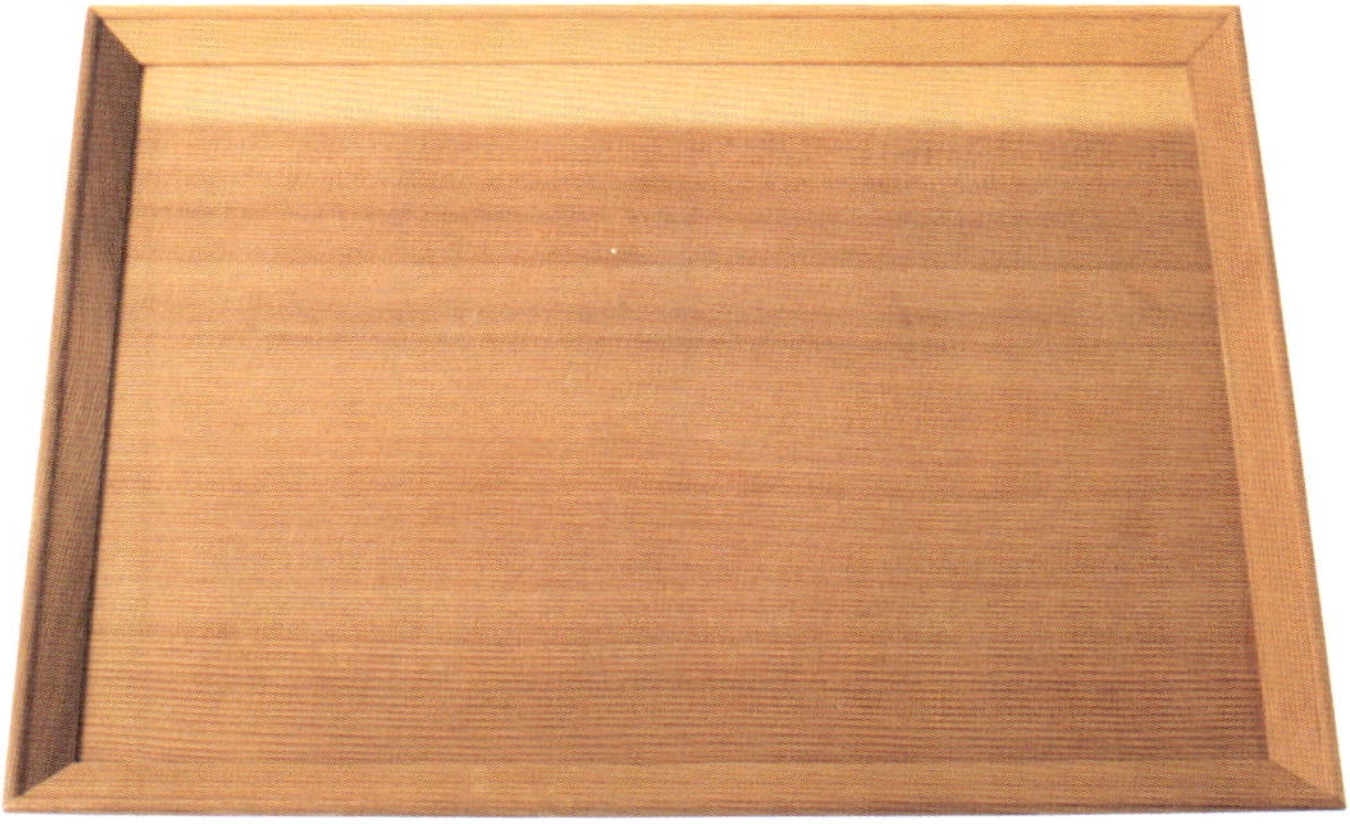

5

6

1 藤崎均｜8寸輪花丸皿

2 菱田賢治｜波文銀彩盆

3 大橋保隆｜鎚起銅器一尺丸盆

4 泉健太郎｜丸盆

5 杉田悠羽｜吉野杉 玉縁の夕餉盆

6 落合芝地｜長角小盆

和と涼を生む、かごとざる

a お弁当屋さん（「アトリ」24ページ参照）の友人が使っていた蓋付のかご。同じものが欲しくて楽天で見つけました。ランチをちょっと外に持ち出すのにほどよいなと思い、自分でも購入。ピクニックでこんなランチ、特別感があります。

b 佐渡の「てから工房」のかご。四角いかごを持っていなかったので重宝しています。底が平らでしっかり面積があるので、一膳を盛り付けやすい。リネンを敷いてサンドイッチを並べても似合います。

My favorite item #17

1

2

3

夏に欠かせない、かご・ざる

薄くてシルエットのすっきりとした竹のかごが好きです。つるのかごも可愛いけれど、食材を盛り付けたいのであんまり凸凹していないほうが便利ということもあります。ほっこり系よりも、背筋の伸びるシャープ系が好き、ということもあります。

薄く削がれた竹の織り成す雰囲気が、涼し気で夏にぴったり。和に存分に浸りたいときにも、気分を盛り上げてくれます。

ざるも、面が広く平らなものはかごに見立てて使っています。ガラスの器を上にのせ、冷たい麺を盛り付けたなら、目からも涼が。さらに器とざるの間に葉を敷けば、ガラス越しに緑が映えて一層素敵な佇まいに。ただのそうめんが、特別なお昼ごはんに変身します。

かごとざる、夏の楽しみをより増してくれる大事な役者たちです。

4

5

1 楕円籠（栃木） 2 盆ザル（ベトナム） 3 根曲り竹の竹籠（北海道） 4 豊岡杞柳細工｜大きめの飯行李
5 公長齋小菅｜六つ目丸かご

Column2

ペットの食器

パグのボノがうちに来て8年。使っていない重めの器にボノのごはんを入れていましたが、フードボウルは体高に合わせたほうがよいと知り、適した器を探していた中、ボノと訪れた岐阜のGALLERY crossingオーナーさんから、ペット専門の、作家さんがつくった器を集めたオンラインショップを始めると伺って、「小さな家族のための工芸」のWanに出逢えたのでした。ここで購入すると、一部が動物愛護の団体や動物たちを救う基金に寄付される仕組みなのも嬉しい。

私が選んだのは、佐藤もも子さん、林亜希子さん、山本拓也さんの器。ペットの器は床に置きっぱなしなので、景観にも関わってきます。目に入るのがお気に入りの器なら、より幸せ。ボノも美味しそうに食べている気がします。

車を運転するとき、よくドリンクホルダーに湯呑を入れて、ポットのお茶を注いで飲んでいますが、先日帰省した折には、私の湯呑もボノのフードボウルも“佐藤もも子作品”でお揃いに。そんなことが叶うのも嬉しい。

作家さんの器ではなくても、生活の延長線上でペットの器を考えるのは楽しいものです。色柄の美しい古物の器をペット用にするのもおすすめで、部屋に彩りを添えるインテリアにもなってくれます。ボノの器専用の棚をつくりたいと目論んでいるのでますます器が増えそうです。

器使いを楽しむコツ

3章

食べる愉しみをより豊かにするために。目からも取り込めるエネルギーを生み出すように。盛り付けには、自分を含めた食べる人への思い遣りが表れます。素敵に見える器使いは、そんな思い遣りと、ほんの少しのコツで出来上がります。

1 見立てを愉しむ

時折、器を扱うギャラリーで接客のお手伝いをすることがあります。お客様がよくおっしゃるのが、「素敵だけど何を盛り付けたらいいのか」ということ。実は、何でもいいんです。懐石の料理人となればそうはいかないかもしれませんが、個人が自宅で使うのになんのルールもありません。あったところで、守らなければいけないこともない。もちろん、守るよさもありますけれども、それも自由です。

私は、向付が好きで多用します。正しい使い方ではないかもしれないけれど、片口を小鉢にするなどアイデアを愉しむのは器を合わせる醍醐味です。「この種類の器には、こういうものを入れるべき」なんて、考えずとも大丈夫。奇をてらいすぎるとわざとらしくなってしまうけれど、調和の中で考えていけば、意外性のあるもの同士に新たな発見があるものです。

茶器におかずを盛り付けてもいい、鰤しゃぶをマグカップで食べてもいい、隅入りの器に味噌汁をよそったっていい。自由な発想で、その器を選ぶときの「これ好きだな」という気持ちを大切にできたなら、それが一番です。

［例］
・れんげを器にする
・盃を小鉢に見立てる
・香合を珍味入れに
・オブジェを器に
・保存用の器を蓋物として
・シーポタリーを箸置きに
・片口を器に
・茶たくを豆皿に
・湯呑にスープを

・二階堂明弘さんの浅鉢に錫のコースターを敷いて平らに。葉っぱを敷いて、おにぎり3つなんていかがでしょう。細かい氷で平面をつくれば、刺身にも。コースターではなく平皿を置いてもいいし、アイデア次第でなんとでもなります。使いたい器にどんな工夫ができるのかと、考えるのもおもしろさのひとつ。

2 高低差を出す

たとえばお料理屋さんに行ったとき、運んで来られて「うわあ」と感嘆してしまうものというのは、高さのある器にのった料理が多い気がします。お膳や食卓の上に、高さのあるものがのっているだけで特別感が。そこを庭園や舞台に見立てたときに、高いものと低いものが調和して互いを引き立て合っているのがわかります。まるで兼六園の雪吊りが互い違いになっている光景が、本当に美しいように。

高さのあるものを置くときは、舞台が向こうに行くに連れて高くなっていくよう、奥に配置します。またば、奥寄りの中央。必ずしも、メインの料理をのせる必要はありません。

そして真上から見たときに、器と器が少し重なっている部分をつくると貧相になりません。112ページの「アシンメトリー」とも重なるのですが、高低差をつけることで隙間の形をさまざまにし、動きのあるお膳をつくることができます。

高台や脚付きの器を使って、立体的で目でも愉しい食卓をつくってみてください。

緑の効用　お膳のどこかに葉がのると、格段に雰囲気が上がります。きっと食材は自然のものだから、器との間を取り持ってくれるのでしょう。笹、シソ、茗荷の葉、モミジ、ヒバ、南天など、季節感を添えるのにぴったりです。

3 アシンメトリーで粋に

自然の中にあるような、不揃いなのに秩序のあるリズムが好きです。たとえば、木の葉の並び、枝を張る間隔、ツタの絡み方、木漏れ日の陰影——。小さいころから野にばかりいたせいか、そんな自然のバランスにとても惹かれます。

器を左右不均等に配置すると、そんな自然の在りようを想起させられます。食事を口からだけでなく、目からも得るものがある。バランスとしてもお膳に躍動感が出て、より食事を愉しめるのです。

アシンメトリーにする簡単な方法は、お膳から何かをはみ出すように配置すること。たとえば、レンゲの持ち手が盆やかごから少し飛び出ると、一気に動きが出てきます。

または、片口や取っ手のある器を片方に取り入れてみる。丸い器だけがきれいに並ぶお膳は、それはそれで様式美がありますが、私が望む自然の力を感じるお膳は「崩し」を要します。

そして器と器の隙間の形も、アシンメトリーに。左右で隙間の面積は均等になるよう、けれども形はいろいろであるよう、置く場所を調整しています。

4

異なる質感を組み合わせる

艶のある絵付の器に、マットな土ものはよく合います。マットなものに対して、つるりとした輪花の小鉢もおもしろい。いろいろな質感の組み合わせが入っていると、お膳は楽しくなります。すべてが磁器、すべてが白というより、素材感や色合いの違うものを共存させると、お互いを引き立て合ってくれるのです。

漆、ガラス、土もの、絵付——どんな器でも、丁寧に一枚一枚つくられた器同士なら自然と調和が取れるもの。また、作家ものの特別な器でなくても、釉薬、粉引、焼き締めといった質感から器を選び、組み合わせてみれば、魅力的なお膳が出来上がります。

また、なるべく異なる作家さんの器で組み合わせています。すると自然と、色や質感、雰囲気を変えることができる。とはいえ時に、すべてを同じ作家さんで構成してみたり、すべてを土ものにするなんていう楽しみ方も。

注意するとよいのは、特徴が同じ器を並べないこと。四角の器の隣に、四角は置かない。使うとすれば、少し離して配置します。

5 最初のひとつを決める

だいたいお膳をつくるときには、2つの発想を持っています。ひとつは、「あの浅鉢を使いたいな」といった器からの発想。

使いたい器は、メインのためにとは限りません。ちょっと副菜を盛るための、れんげだったり。そこから合う器を展開していきます。

たとえば、「絵付のれんげ↓じゃあ横には土ものの浅鉢を」といった具合。絵付の横に、同じような絵付が来ないように。存在感がかぶって、せっかくの器のよさが喧嘩しないように。

ほかにも、「紺色の輪花の浅鉢↓下に平皿が少し重なるように置こう」「長方形の向付↓横には丸か片口か……」と検討していきます。

ときには、「漆のお椀を使おう↓お盆の中に置くか、外に出そうか」「かごを使いたい↓ガラスを入れて涼を感じよう」と外側から考えることも。

発想のもうひとつは、「今日はゴーヤチャンプル」など料理からの発想。その料理を、どんな気分で食べたいか。夏らしく青い染付か、味わい深く土ものか……調理の時間からワクワクしてくるような、盛り付けの愉しみなのです。

Column3

器を買うコツ

「これ本当に素敵だけど、何に使えばいいのかわからない」というお悩みをよく聞きますが、その正解は、「何にでも使って!」です。あれこれと試してみるうち、思いもよらないようなマッチングがあるものです。本当に好きだと思うなら、家で眺めるだけでもいいとすら思います。

「好みのあまり、同じような器ばかり買ってしまう」というのもあるある。こんなに器を集めている私ですら、「汁気のある煮物にちょうどいい器がない」ということがありました。その後意識をして、普段なら買わないような中鉢を購入。それまで豆皿や一点ものの大きい器ばかりに惹かれて、なかなかここに目がいきませんでした。

ギャラリーで「ほしいものがたくさんあるけど、どれを買おう……」というときに、つい特徴の魅力的なものばかりを選んでしまうんですね。"ザ・日常"なものはそこで落選していたのですが、家に連れ帰ってみればやっぱり、"ザ・日常"はとても便利なのです。

ギャラリーで舞い上がって本当に必要なものを忘れてしまわないよう、暮らしの中で「こういうものがあれば便利」と感じたときにメモを取るのはよい方法。忘れることなく、真にほしい器へのアンテナを張れることでしょう。

私は、買ったものメモを残しています。記録として楽しいことはもちろん、今年買ったものの内容と傾向が把握できれば、同じようなものを手に取ってしまわずに済む。

もし、結局また同じような器に強烈に惹かれてしまったなら、もうそれはしょうがないと思います。日常の便利には目をつむってもらいましょう。

器と暮らし

4章

目から入ってくる情報は、気持ちの浮き沈みを左右するほど、影響が大きいもの。自らの住処は、穏やかに心を満たしてくれるものであるように。視界に入るものを選び、配置を考えています。

台所と収納

最近、シンク下の扉にグレーの壁紙を貼りました。取っ手も、真鍮のものに付け替え。

自分は、〝目で生きている〟人間だなあと感じます。視界に入って来るものの影響が大きく、生活するうえでは好きなものや心地のいいもので周りを固めたい。

調理中目の前に来るつくり付けの棚には、大好きな二階堂さんの器を重ねています。最初は「取りやすいように」だったのですが、今は視覚的に嬉しくなるからという理由のほうが大きい気がします。

収納に関して、「使いやすいように器を近くに」という思考はありません。普段あまり運動をしないので、台所仕事のときくらいは体を動かすよい機会なのです。調理道具は近くがいいけれど、器は遠く。洗った後、ひとつ拭いては食器棚まで往復といった具合に運動量を稼いでいます。

食器棚に何を入れるかは、「同じようなものを、同じところに」というくらい。最近ガラス戸の黒い棚を新しく導入したので、もっといい配置はないかとあれこれ妄想しています。

ここ1年ほど考え続けているのは、角に棚をはめこんで調理台をL字にすること。棚の上面には、自分で拾ってきたシーポタリーをタイルのように敷き詰めたい。どうしたらうまくいくか、ひよこ仕事をしながら最適解を探っています。そんな準備期間もまた、楽しいものです。

調理台の上に、もとからあったステンレスの棚が。そこへ、古材の板と自らデザインした脚を使った自作の棚を入れ込みました。よく使うものと、二階堂さんの器をここに。

調理台からすぐのところの、ヴィンテージの棚。自分の作品をブースに出すときは、この棚も持っていき陳列に使います。木箱、重箱、保存容器やお茶を収納。フランスアンティークの布を目隠しのカーテンにして。

塗装し直されたヴィンテージのガラス戸棚。最近導入したばかりで、まだ中は雑多なところも。右側には急須や角田淳さんの輪花シリーズ、古物ゾーンを設けています。

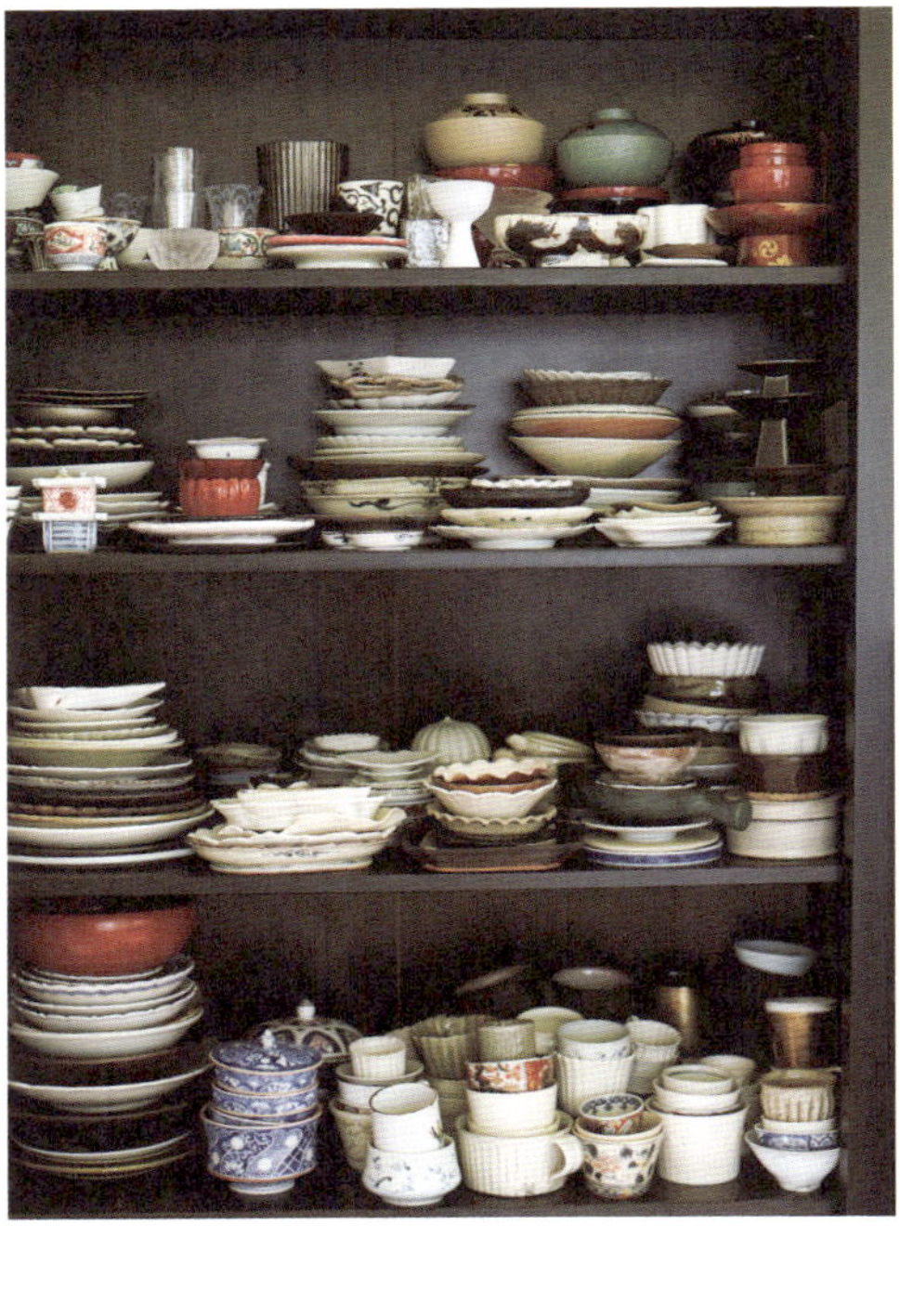

お椀、豆皿、ぐい呑み、向付といった量の多いものを、形状が似たもの同士で重ねています。下のほうにはフリーカップが。こんなに重ねるのはおすすめしませんが、震度6の地震にも耐えました。被害は数枚。黒い棚は洋の要素を部屋にもたらしてくれます。

伊藤剛俊さんの優美な器を、古道具屋さんで購入した薬品棚に。脚付きで、棚板も側面もガラス。器が重なる様子も美しく、それらをガラスに閉じ込めて愛でる特別感があります。

台所に置いた棚の細い版。日常的に使う器というより、アート性の高いオブジェのような器を置いています。横から見た造詣の美しいものを、目線の高さに。以前は棚の背にLEDを仕込み、お酒の瓶を照らしていました。

金継のこと

近くにある造形大学では、地域の人々に向けて市民工房を開いていています。そこで漆芸を習い、金継のことも知りました。本を読んで学び足し、いろいろな文献を見ながら割れ方や素材ごとに自ら金継ができるように。

せっかくの器、うちに来てもらったからにはたとえ割れても直して使いたい。金継ができるから、恐れる必要なくお気に入りの器をどんどん使えます。

割れてしまった哀しみごと癒し、手をかけて直した分、愛着が増す金継。継がれた様もまた、味わい深いのです。

とはいえ金継は工程が多く、一工程ごとに乾かす時間も入って大仕事です。乾燥といっても化学反応で固まるため、温度と湿度の調整が必要。漆をしっかり硬化させないと、仕上げの金や錫の粉が沈んでしまいます。

ひとりではなかなか取り掛かれずにいるので、ワークショップを開き、みんなで作業をしたい。元旦にあった能登半島地震でわが家の器も何枚か割れてしまったので、同じような被害を受けた方たちを集めて大切な器を蘇らせる会を開きたいな、などとも考えています。

器をつくる

漆芸を習っていた時期、同時に陶芸のクラスも受講していました。きっかけは金沢での陶芸体験。つくっている間ドバーッとアドレナリンが出るのを感じ、よだれがたれそうになるほど集中。そのときつくった板皿を気に入り、同じシリーズでカレー皿もつくったものでした。

実は、魯山人に憧れています。料理家であり、陶芸家であり、漆芸家であり、画家でもあった彼。到底及ぶものではないし、友人に聞かれたら爆笑されること必至です。ただ、自分が好きな料理を、自分の思うようにつくった器に盛り付けて食べてみたい。

器に限らず、「世にはない理想のイメージのもの」は自作したいという思いがあります。つくるところから、楽しんでみたい。器に対して最もその思いが強く、一度窯を買ったこともありました。ただあまりにも大きくて、動力が必要。結局手放してしまいました。

今はメンタルリハーサルを繰り返して、いつか家庭用電源の窯を手にしたい。手始めに、レンゲや豆皿、箸置きなんかを思うままにつくってみたい。いつになるかはわかりませんが、漠然とイメージしています。

保存食をつくる

食べたいのは地物、そして旬のもの。ご存じの方も多いかもしれませんが、「身土不二」という考え方があります。「その土地でその季節にとれたものを食べるのが体によい」というもの。遠くのブランド特産品も魅力的ですが、地元のとれたてが何よりも美味しいはず。

英語のことわざに「You are what you eat（あなたはあなたの食べたものでできている）」とあります。その本質は、「食べたもので心ができている」なのでは。そして、どう食べたかの「How you eat」も大切。どう調理したか、どう器を選んだか、どう盛り付けたか、どんな気持ちで

そら豆からつくった手づくり豆板醤、らっきょう、グリンピースのオイル漬け、イクラのしょうゆ漬け、新生姜の甘酢漬け、茗荷の梅酢漬け、レモン塩こうじなど。

だれと食べたか。

とはいえ、そんなに難しく考えているわけではありません。健やかなほうへ、美味しいほうへ、心地よいほうへと動いているだけ。

季節のものは美味しいから、簡単な保存食をつくることがあります。こうすれば、旬を長く楽しめる。

春は「うどみそ」、夏には「そら豆のオイル漬け」「茗荷の梅酢漬け」「牡蠣のオイル漬け」「ゴーヤーの酢漬け」、秋には「新生姜の酢漬け」「栗の渋皮煮」。こんな保存食をひとつメインに添えたり、豆皿にひとつのせるだけで、それは嬉しい食卓になってくれるのです。

住まいのこと

いつか、アトリエを持つことが夢です。作業スペースとお店が併設されていて、ものをつくりながらお客さんに作品を見てもらえるような。ときには作家さんにつくってもらった器を販売したり、お茶会を開いたり。

その夢のアトリエのカウンター壁面に置けたらな、と購入したオブジェが床の間に鎮座。古道具を扱う友人が「変わったものが入ったよ」と教えてくれて即買いしたものです。

ただ、未来を考えることはとても苦手で、1カ月先もわかりません。ただでさえ、思いついたことに取り掛かるのが遅いタイプなのです。

近い未来に実現したいと思うのは、居間の居心地をよくしたいということ。ソファに座ったとき見える景色が、幸せなものになるように。

その理想に寄与すべく、ペルシャ絨毯を敷いています。両親の「ペルシャ絨毯には手を出すな」の教えに背き（というかそんなこと言われるからむしろ興味を持って）、沼に浸かりかけています。本当に奥の深い、そして美しい世界。魅力にあらがうことができず、小さいものを買ってしまいました。

フローリングの木の質感も好きだけれど、空間の雰囲気を一瞬で変える絨毯を敷くのは、部屋に絵を描くような楽しさがあります

キッチンに敷いたイランのカシュガイキリム。これを織った遊牧民のように、拠点が変われど持ち歩き、広げてどこでも自分の居場所にしていきたい。

床の間には、シンボリックなものを置きたい。目に入ったとき、美しいと感じられるものを。135ページで記述したオブジェ、ガラス棚には伊藤剛俊さんの器を美術館のように飾って。燭台、壺、壁にかかった掛花入も伊藤さんのもの。以前は掛け軸風にトワルドジュイを掛けていましたが、新鮮味を損なわないよう時折場所替えしています。

イッチン（泥状の土を絞り出し立体的な模様を描く技術）の装飾が素敵な、伊藤剛俊さんのランプシェード。白磁の透光性で暖かい光が生まれます。蛍光灯があまり好きではなく、夜はこんな灯で十分。夜は、夜だから暗くていいのです。陽光は欲すけれど、代わりはいりません。

お隣さんが根っこから掘り返して分けてくれたシュウメイギク。摘んで台所に飾ります。ほかにも庭には、ひば、モミジ、山椒を植えてお膳のあしらいに使っています。三つ葉、茗荷は自然と。ミツバアケビは「ほしいほしい」と念じていたら鳥が運んでくれました。

すべては「加飾」ということ

本業は初生雛鑑別師ですが、食卓やインテリアなど空間のコーディネートやスタイリストとして仕事をすることもあります。アクセサリーをつくったり、鏡や包装紙の模様を描いて販売もしています。頼まれて、飲食店や商業施設に壁画を描いたことも。小さいころから刺繍をすることが好きで、立体刺繍の装身具をつくったり、模様をデザインしてリネンに機械刺繍を施し、販売もしています。絵付をしたいがゆえに器をつくりたい。漆の勉強では、塗ることよりも螺鈿や蒔絵といった装飾を加える技術に強く惹かれました。

どうやら、私がしたいのは飾り付け。お膳づくりも飾り付けのひとつです。そこで最近、「加飾人」を名乗り始めました。

身に付けるものに関しては、人を飾るのと同時に、お守りのような存在になることを願っています。タッセルは、巻いている糸、結びめの数に意味付けを。髪を触るように、なでて落ち着くことができるので、心を癒すものとしての意味も込めています。

贈り物をするときの包装紙や箱をつくるのも大好き。彫りを施した友人と共作の鏡を収める箱には、同じ装飾をひとつずつ手描きしています。包装紙をつくるときは、友人デザイナーの手を借りてデータ化。紙を選ぶことから楽しみます。商品以上に手間がかかることすらあるのですが、器用貧乏の商売下手でも構わない。やりたいこと、得意なことをする。そこに徹しています。

リネン製品

フレンチリネンの刺繍クロスとバッグをつくって販売。姉に断裁と縫いをお願いしています。私は製品から逆算して合うリネンを選び、刺繍をデザインし、刺繍屋さんにデッドストックの糸を使って刺繍してもらいます。新たな仕入れをせずに済むよう。どんなものを、何を大切にしてつくるのかはいつも考えます。

包装紙

右はシノワズリ、真ん中はアカンサスのイメージでデザインを描きました。左は好きな形を並べて中を描き込んだもので、下の鏡に彫り込んだ模様とリンクしています。紙は2種類、昔のデパートのような薄いものと、厚手のトレーシングペーパーのようなもの。包装はもちろん、ブックカバーやメッセージカードにも。額に入れて飾ってくださる方もいます。

装飾品

手鏡にフリーハンドで柄を彫ります。外装の箱にも同じ模様を手描きして。刺繍のピアスと、タッセルのピアス。右で述べたように、身に付けるものには〝飾る〟のほか〝守る〟の意味合いも込めてつくっています。つくるためのさまざまな技法を調べ、実現のためどうすればいいのかを試行錯誤。その経験が、次の制作へのイメージや新たな技法につながっていきます。

器を探す

今はネットで買える時代ですが、ギャラリーや器屋さんなどで実際に器と相対することのよさに勝るものはありません。直に見て、触れて、作家さんの表現したいことを感じたうえで連れて帰れたら理想。

欲を言えば、器を扱うお店には姿見を置いてほしい。姿見で器を持った自分を眺め、しっくり調和しているかどうか判断したい思いがあります。完全に自己満足ですが、己の満足なくして世界に平和はありません。本当に気に入った器でごはんを食べる喜びは、代えがたいものです。

とはいえ、人気作家さんともなると手にすることは難しい。一方で作家さんは星の数ほどいて、出合いは偶然の賜物でもあります。そこでおすすめなのが、信頼できるギャラリーを見つけるということ。オーナーさんと好みが合えば、安心して出合いに行けます。作家さんのバックボーンや人となりまで教えてもらえた場合は、器の魅力がさらに増します。

個展や企画展が開かれているときは、オーナーさんの心意気が感じられる機会。作家さんが在廊されることもあるので直接お話できるチャンスも。常設はお店の色を量れる機会。そのお店に選ばれし作家さんの作品に出合えます。あれこれ巡って自分好みのお店を見つけてみてください。

SHOP LIST

お気に入りのお店

器

ヒメミズキ

新潟県新潟市中央区
古町通2番町528

HP https://himemizuki.com

Instagram @himemizuki

器を愛でる心だけでなく、町も文化も育んでいるような存在。お店だけでなく店主小笹さんのファンになる人多し。

ぎゃらりい栗本

新潟県長岡市城内町2-6-8

HP https://gallery-kurimoto.co.jp

Instagram @gallery_kurimoto

店主栗本さんの知識の豊富さと情熱に、訪れるたび価値ある文化講座を受けられたような気持ちになれる。ギャラリスト精神が素晴らしいお店。

gallery tanne

新潟県柏崎市谷根3179

Instagram @gallerytanne

訪れる価値ある自然に囲まれた素敵な空気を纏ったギャラリー。店主こだわりの喫茶も楽しめる。看板犬のスウちゃんが可愛い。

deps.

東京都台東区三筋2-5-7 2F

HP https://depstokyo.com

Instagram @deps_tokyo

店主小島さんのセンスが光るお店。個人的には彼女の撮る写真の大ファン。Instagramの投稿が美しくて、楽しみにしている。

ten

東京都江東区佐賀2-1-17

HP https://online.10-tokyo.com

Instagram @10_tokyo

ここだけちがう空気が流れているような、特別な場所。展示や企画展の際のつくり込み、世界観が素晴らしく、いつも感動がある。

千鳥

東京都千代田区神田三崎町3-7-12
清話会ビル2階

HP https://chidori.info

Instagram @utsuwa.chidori

器好きは一度は行くことをおすすめする、器と言えば…な存在。オンライン利用が多い中、抜群に梱包が完璧で丁寧。絶大なる信頼を置いているお店。

古道具

oblaat

新潟県柏崎市松波4-2-17

Instagram @oblaat_

柔らかな雰囲気のセンスよいお店。我が家の廊下にある薬棚、キッチンの古い棚はこちらで。訪れると何かしら連れて帰ってしまう。

お弁当

atori

新潟市中央区花町1983-1 山際ビル1F

HP https://atori-web.studio.site

Instagram @atoriobento

優しさが詰まった美しいお弁当。心も身体も喜ぶ、自分を大切にしたいときに食べたいごはん。

ボノの器

Wan

HP www.wankogei.com

Instagram @wankogei

オーナーさんの審美眼に叶ったアートピースのような器を、ペットのためにお迎えできる稀有なお店。飼い主の器は、同じオーナーさんの「PEOPLE」で選ぶことも多い。

高橋香織

千葉県出身。スウェーデン等、海外経験が長く、日本の魅力を再認識。食を愉しむ暮らしをインスタグラムで発信している。生まれたての雛の雌雄を判別する初生雛鑑別師の資格を持ち、全日本初生雛雌雄鑑別選手権大会で2度優勝している。新潟県見附市在住。

Instagram @bono1225
Instagram @hitsujigoro

私をもてなす器

2024年12月21日 初版第1刷発行

著者 高橋香織（Bono）
発行人 諸田泰明
発行 株式会社エムディエヌコーポレーション
〒101-0051 東京都千代田区神田神保町一丁目105番地
https://books.MdN.co.jp/
発売 株式会社インプレス
〒101-0051 東京都千代田区神田神保町一丁目105番地
印刷・製本 シナノ書籍印刷株式会社

制作スタッフ
デザイン 中村妙
撮影 中垣美沙
執筆協力 矢島史
編集長 後藤憲司
企画編集 見上愛

Printed in Japan

定価はカバーに表示してあります。

【カスタマーセンター】
造本には万全を期しておりますが、万一、落丁・乱丁などがございましたら、送料小社負担にてお取り替えいたします。お手数ですが、カスタマーセンターまでご返送ください。

◎落丁・乱丁本などのご返送先
〒101-0051
東京都千代田区神田神保町一丁目105番地
株式会社エムディエヌコーポレーション
カスタマーセンター
TEL 03-4334-2915

◎内容に関するお問い合わせ先
info@MdN.co.jp

◎書店・販売店のご注文受付
株式会社インプレス 受注センター
TEL 048-449-8040／FAX 048-449-8041

ISBN978-4-295-20729-0
C0077